6 monólogos de humor y una canción desesperada

JUANCHO BERNABÉ

6 monólogos de humor y una canción desesperada

Comedia sobre la marcha

℗

ALMUZARA

Editorial Almuzara • Colección Sociedad Actual
Director editorial: Antonio Cuesta
Editora: Rosa García Perea
Maquetación: Miguel Andréu

www.editorialalmuzara.com
pedidos@almuzaralibros.com - info@almuzaralibros.com

Editorial Almuzara
Parque Logístico de Córdoba. Ctra. Palma del Río, km 4
C/8, Nave L2, nº 3. 14005 - Córdoba

Imprime: Gráficas La Paz
ISBN: 978-84-10521-25-4
Depósito legal: CO-374-2024
Hecho e impreso en España - Made and printed in Spain

Índice

ODA AL CONSUMISMO

¿Cómo están, gente?

Por lo que a mí respecta, me veo en mi día a día bregando, batallando y tratando de sobrevivir en esta sociedad convertida en una profusa jungla urbana plagada de publicidad, marcas y logos. En este maremágnum de consumismo. Siento que estoy en un cuadrilátero de boxeo «ding, ding, ding». En una esquina, yo, un humilde ciudadano; en la otra, centenares de anuncios que intentan conquistar mi billetera. Me pasa lo mismo que con la cerveza: no sé si soy yo el que va detrás de ella o si es ella la que me persigue, pero el caso es que siempre, vaya donde vaya, damos el uno con la otra. Nuestro idilio es eterno, *my love*.

¿Alguien más se siente como yo un anuncio ambulante? Por las mañanas, con los ojos pegados y el pelo enmarañado, me miro al espejo y a veces pienso que lo único que me falta ya es ponerme un logo en la frente bien grande de sien a sien. Así todo el mundo puede ver el champú que uso. «Cabello sedoso con olor a lavanda y extractos de albaricoque».

Pero es que hay gente que son unos auténticos anuncios publicitarios andantes. No sé si mirarlos o leerlos. Os aseguro que no necesitáis ver la televisión ni leer revistas de moda para recibir vuestra buena dosis diaria de publicidad. Así que todos los días me como 5 piezas de fruta y verdura, me bebo mis dos litros de agua y me impregno de mi buena ración de publicidad. Qué no falte, oiga.

¡Señores! Abran bien los ojos, que la publicidad está caminando frente a ustedes.

Hay quien lleva la camiseta de tal marca, el pantalón vaquero de la firma que siempre vemos en los carteles y pensamos: « qué estilazo y qué culito te hace» (aunque a ti te haga culo planeta), las zapatillas deportivas que se pone Messi para salir de paseo con su familia y un pedazo de mega-cinturón de dimensiones considerables con su buen logotipo coronando el paquete. Como queriendo decir: « si éste es el envoltorio, imagina cómo tiene que ser el caramelo». Ahhh, pero ahí no acaba la fiesta: el reloj inteligente vinculado a su móvil, a su Tablet, a su ordenador y a una nube virtual que pulula en un espacio abstracto y a la que todos le damos tantos permisos que vamos todo el día con el culito al aire (ven, entra sin llamar, que esta es tu casa). Haz conmigo lo que quieras, soy todo tuyo. Algunos llevan tantos logos y marcas por el cuerpo que me recuerdan al nadador David Meca cuando salía en la televisión, no sé si os acordáis, con el neopreno cargado de patrocinadores. Desde el gorro hasta el dedo gordo del pie. Aunque del logo que más me acuerdo es el que llevaba justo a la altura de su miembro viril: *Plátano de Canarias*. ¿Qué nos querría decir David con eso? ¿Qué también llevaba etiqueta de calidad y madurez?

Y el que esté libre de pecado que tire la primera piedra, pero que no tire a dar, eh. De toda la vida yo también he llevado multitud de publicidad en mi ropa. Sí, lo reconozco. Pero cuando digo publicidad me refiero a puro *merchandising* de las marcas. Prendas que me regalaban u obtenía en algunos sorteos o tómbolas. Recuerdo esa histórica gorra verde de la Caja Rural, una auténtica reliquia familiar, que conseguimos cada uno de los hermanos cuando mis padres se abrieron una cuenta corriente en ese banco. Parecía que en mi casa habíamos montado un club de fans de Caja Rural. Una camiseta de Cruzcampo que me regalaron pidiendo tres tercios de cerveza en un bar. Esa noche me llevé dos camisetas, una bolsa de deporte, una cartera y tres abridores. Y la sudadera del *Mundial España 82* con el dibujo del legendario *Naranjito* estampado que regalaban con no sé qué marca de galletas. ¡Qué cosa más grande! Llevaba tanta publicidad que me mirabas 5 segundos y te convalidaba por una pausa publicitaria en la película de Antena 3 «Volvemos en 47 minutos».

* * *

Y es que el consumismo lo tenemos tan interiorizado, corre tanto por nuestras venas que hay quien, aunque lo esté pasando regular económicamente, les encanta lucir sus productos de marca. Antes muerta que sencilla.

Estoy pasando más hambre que un caracol en un espejo, más hambre que el que descubrió que los caracoles se podían comer (que ya tenía que estar esmayado la criatura), pero mira el pedazo de peluco de oro que tengo, edición limitada. Que parece que acabo de salir de un videoclip de reguetón. Le hecho a mi coche el carburante más barato de la gasolinera más *low cost* de toda la ciudad. El diésel es casero, lo prepara el dueño en una bañera removiéndolo con un palo. Echo los diez euros que consigo poniéndole cara de niño bueno a mis padres y abuelos, exprimiendo la manguera y levantándola lo más alto posible para que no se quede ni una gota, pero mira el cochazo de alta gama que tengo. Acelera que se noten los 200 caballos BRUM BRUM, pero no aceleres mucho que esos caballos ninguno se queda sin comer. He pasado de estar en buena forma física, a fofisano, después a fondón, más tarde a rechoncho y al fin a gordaco, pero mira el patinete eléctrico que me he comprado para moverme por la ciudad. ¡Caminar es de mortales!

Eso, eso, tu no camines no vaya a ser que tus arterias se te desobstruyan, churra.

* * *

Desde luego, a ciertas personas yo les recomendaría que al «consumismo» le diese una buena vuelta de tuerca y practicasen algo mucho más divertido y original: el «con su mismo», o sea el reciclaje creativo a niveles épicos. Lanzo varias ideas:

— Que tu pantalón vaquero está viejo y raído, ¡no pasa naaa! te haces la funda para la sombrilla de playa.

— Que tus calcetines están agujereados, ¡no pasa naaa!, se convierten en tus nuevos guantes de cocina. Pero lávalos antes, eh, que no queremos que todos tus platos lleven un extraño sabor a queso manchego.

— ¿Qué hacer con tu vieja tabla de planchar? *Et voila*, es tu nueva mesa de ping pong. Incluso puedes usar tus sartenes quemadas como raquetas. Pero no uses huevos como pelotas.

— Que quieres decorar tu jardín, pero no tiene macetas. ¡No pasa naaa! Usa esos zapatos viejos apestosos que tiene al fondo del zapatero y los llenas de tierra y flores. Espero que no se marchiten por el tufo.

— Los tarros de cristal de garbanzos, habichuelas, etc. ¡No los tires! Son ideales para tomarte una copita solo o con amigos. Y si te preguntan por ese regusto a legumbres que tiene el whisky, les dices que es el secreto de la casa. ¡Un brindis con sabor a guiso casero! Mmmm. Dos en uno: te emborracha y te alimenta, ¡verdadera eficiencia!

— Tienes una colección de CDs viejos que ya no escuchas porque te has pasado a la música virtual, ¡no pasa naaa! Úsalos como tus posavasos al estilo retro. Te recomiendo que para el whisky pongas los discos de Joaquín Sabina. Para el ron, los de Celia Cruz. Para la cerveza, los de Mario Vaquerizo… Y si te entran las dudas, usas un disco de Diego el Cigala, que ese combina con todo.

— Perdona por llegar tarde al trabajo, jefe. Es que a un señor se le habían perdido 50€

— ¿Y qué estabas ayudándole a encontrarlos?

— Nooo. Yo estaba pisando el billete, pero es que el tío no se iba.

Y es que cada vez se nos brindan mayores comodidades para pagar lo que compramos o consumimos. Conseguir el dinero es complicado, pero pagar…

pagar es muuuuuy fácil. Es como si nos estuvieran diciendo: si no lo pagas hoy, lo pagarás mañana, o pasado, o el mes que viene, pero lo pagas sí o sí. Vamos, que no te escapas, que sabemos dónde vives, con quien, cuáles son tus aficiones y hasta tu número de pie.

Antes se solía pagar con dinero en efectivo: monedas, billetes, dinerito contante y sonante. Glorioso sonido. La gente se metía mano en el bolsillo y de tantas monedas que llevaba eso sonaba como el cascabeleo de un coche de caballos: CLIN CLIN CLIN. Que a más de uno se le ha descolocado la cadera del peso de llevar tantas monedas en un bolsillo.

Más tarde se empezó a pagar con tarjeta de crédito pero no era algo que fuese sencillo y tenías que seguir un engorroso ritual: había que darle la tarjeta al vendedor, también el DNI para comprobar que la tarjeta era tuya y no se la habías robado a alguien, él te miraba para confirmar que tú eras el de la foto del DNI, tenías que firmar el ticket que te daba, volvía a mirar el DNI para confirmar que la firma coincidía con la firma que habías hecho en el ticket y, al fin, si la cobertura de aquel Internet arcaico de aquellos tiempos lo permitía, se efectuaba la compra. Que a veces te veías a algunos vendedores con el datáfono en alto, montado en una silla intentando captar cobertura. Como si la cobertura se hubiese ido para el techo.

Pero como digo, hoy en día pagar es lo más sencillo que se puede hacer. Podemos pagar con la tarjeta de crédito o débito. La aproximamos al datáfono y mediante bluetooth ¡PI! ya te han cobrado. Pero puede ser que eso ya esté incluso un poco anticuado porque ya podemos pagar con el teléfono móvil, mediante bizum y hasta con el reloj. Ya mismo veremos a gente aproximar el ojo para pagar o con la huella dactilar. El pulgar para lo barato y el dedo corazón para las cosas caras.

Pero es que hay quien tiene tan interiorizado esto de pagar con nuevas tecnologías que todo lo quiere pagar con tarjeta (o móvil, reloj, bizum) y suele decir con su mijita de altanería: «yo es que no suelo llevar nunca dinero encima». Dice eso y se siente el nuevo magnate del consumismo. Se cree que por pagar con tarjeta es el nuevo Warren Buffett o Amancio Ortega. Déjate de tonterías Manolito, que trabajas de ayudante en la carnicería de tu padre y has estado toda la mañana haciendo morcillas. Y es que, además, si quedas con él para tomar café le pregunta al camarero: «¿Te puedo pagar con tarjeta?». ¿En serio quieres pagar con tarjeta un café con leche de 1,5€? ¿En serio Manolito? Y como en muchos establecimientos el pago mínimo con tarjeta es de 10 o 15 euros, ¿a quién le toca pagar? «Me lo pagas tú hoy y a la próxima pago yo, ¿vale?». Pero yo que tengo un Master en Psicología, el Estudio del Comportamiento Humano y la delgada línea que existe entre lo que se dice y lo que se está queriendo decir por la Universidad de Connecticut, sé perfectamente que cuando dice «Me lo pagas tú hoy y a la próxima pago yo, ¿vale?», lo que realmente está queriéndome decir es: «Sí sí, paga tú ahora, pero es que a la próxima pasará lo mismo, y a la siguiente, lo mismo. No sé si tú eres muy tonto o es que yo soy demasiado listo». Manolito, tú lo que eres es un estratega de la racanería. Eres el Anatoly Karpov de los tiesos.

* * *

Una de las palabras que más adora un consumista junto a «*outlet*» «rebaja» y «*BlackFriday*» es la palabra «GRATIS». Su cerebro se obnubila, se embriaga y le recorre un escalofrío por todo el cuerpo. «GRATIS... argggg». No importa lo que sea, pero si es GRATIS lo quiere, y ¡lo quiere ya! Es como una droga, una adicción: GRATIS mmm. Sólo nombrarla se le dilatan las pupilas y se le dispara la tensión. Si oye la palabra GRATIS quiere precisamente eso, no quiere otra cosa, no quiere lo que está al lado, no quiere lo que tiene enfrente. Dame uno. Dame dos. Dame tres. Bueno, dámelos todos, si es GRATIS. Me lo llevo y no me ha costado ni un duro. ¡Qué pelotazo!

— Ey, tío ¿qué haces con una mierda de vaca caliente y pestilente en las manos?

— Es que me la han dado... GRATIS.

— Ostras, qué suerte. Voy a ir a ver si todavía quedan. A mí las mierdas de vacas me dan un poco de asco, pero total, ¡si es GRATIS!

— Cariño, la semana que viene es mi cumpleaños, ¿me compras un móvil?

— ¿Un móvil? ¿y el otro?

— El otro me va a comprar una Tablet.

Muy a tener en cuenta es ese espécimen de consumista que, aunque se encuentre en la auténtica bancarrota, en la más profunda de las miserias, que va al cajero automático y le saltan las alarmas, que en todos los bancos tiene un cartel con su cara y que pone «Se Busca», siempre lo ves en las redes sociales con ropa de marca, con autos elegantes y en ambientes espectaculares. Genial esa foto de Instagram junto a un cochazo de alta gama cuyo post se titula: «Adoro el mundo del motor». Como diciendo: «¿Es mío? Ni confirmo ni desmiento, pero ahí lo dejo, para que te tires un buen rato pensando». Pero vamos a ver, alma de cántaro, si yo te veo todas las tardes por el pueblo con el coche que has heredado de tu padre con más años que una cuadriga de las que salían en Ben-Hur. Que mira si tiene años el coche que detrás tiene pegada una pegatina de «Discoteca Penélope». Que mira si tiene años el coche que tiene que pasar la ITV todos los jueves. Es más, la mitad de los días te veo pedaleando en bici para no gastar gasoil.

También es digno de reseñar aquel que le encanta la ropa de marca. Pero me refiero a la ropa de marca falsificada. Ojo al dato. «Es falsa, pero nadie lo sabe». El claro ejemplo del quiero y no puedo. Se compran la prenda a un precio más bajo que el original, peeero aun así sigue siendo más alto que el del producto sin marca. No sé, algo no me cuadra, ¿quizá lo único que valora es logotipo? ¿puede ser? «No lo sé Rick, parece falso». Bueno, pues que sepas que esa gente también vota y lo peor de todo es que ellos mismos se consideran de «clase media». Esos son los más peligrosos. Mucho ojito.

Otros ejemplares maravillosos son los que sus valoraciones hacia los demás y hacia sí mismos se rigen principalmente por el dispositivo móvil que usan y por extensión, el resto de los dispositivos digitales. «No son unos auriculares, son AirPods», «no es una Tablet, es un IPad», «no es un reloj digital, es un Apple Whatch» y por supuesto «no es un teléfono móvil, es un IPhone». ¿Qué te has tenido que endeudar o empeñar tu sueldo del mes (o varios meses) para comprarlos? Tú no eres tonto, tú eres «IDiot».

¡Pero es que hay más! porque muchos de ellos se preocupan enormemente de comprarle a su teléfono móvil… perdón, a su IPhone, una funda protectora que lleve su buen agujerito en el centro para que esa manzana mordida de la que tanto se jactan siga estando presente y apareciendo en sus selfies frente al espejo. Les va la vida en ello. Firmemente opino que esas personas necesitan con carácter de urgencia a alguien que le dé un abracito y que le diga: «no te preocupes, te quiero tal como eres». A ver si así se les quita la tontería, oiga.

Y como bonus tenemos a los más divertidos, a los más chistosos. Me encantan. A los que cuando los miras te quedas pensando un rato: «algo le encuentro que no me cuadra del todo». Me refiero a aquellos que van vestidos, ataviados, engalanados con prendas de ropa que cuando las confeccionaron sus creadores o estaban borrachos, o colocados, o al menos estaban de guasa. No le encuentro otra explicación. Calcetines Kike, calzoncillos Dulce & Camino, zapatillas Fuma, camiseta Calvo Kien, sudadera Abibas y gafas de sol RoyoBan. Supongo que toda esa ropa la habrán comprado en el Blas Fridci del viernes. No sé si esto lo hacen a conciencia, lo hacen de pura coña o es que realmente les resbala todo todo todo, pero lo que sí tengo claro es que a esta gente tu opinión y la mía sobre su forma de vestir se la pasan por debajo del arco del triunfo y yo, ante esto, me quito el sombrero.

* * *

Eh, eh, eh. Pero déjame aclararte una cosita. No quiero que pienses que este monólogo lo hago como una apuesta anticonsumista ni una apología a la pobreza. Quiero que seamos conscientes de que, como dice José Mujica, «Cuando compras algo no lo compras con plata, sino que lo compras con el tiempo de vida que tardaste en conseguir esa plata». Porque se puede ser pobre de bolsillo y rico de corazón, mentalidad y ánimo. Y viceversa.

Y si lo que eres es más pobre que una rata, no llegas a fin de mes, estás más estresado que Doraemon en una aduana y algunas veces te sientas a la mesa solo para comerte las uñas, aquí te dejo varias técnicas de pobreza que te ayudarán a hacerte la vida más ligera:

— Rellena el bote de gel de baño con agua, agitar y a seguir duchándote como un campeón.

— Llévate los sobres de kétchup y mayonesa del Burger. Los tuyos y los de tus amigos. Todo para dentro.

— Carga al 100% el teléfono móvil en el trabajo, y ya da camino la Tablet y todo lo que haga falta. Que la electricidad está muy cara, chaval.

— Apúntate al gimnasio solo para ir a ducharte. Ahorrarás gas, agua y sudor. ¡Tres pájaros de un tiro!

— Ráscale el azúcar a la magdalena para echársela al café. También hay que mirar por la salud.

— Guarda los tarros de helados como fiambrera para la comida. Chulas y ecológicas.

— Reserva el aceite de la lata de atún para freír un huevo. ¡Oro líquido!

— Pasa varias veces por una perfumería para pillar múltiples muestras gratuitas. ¡Qué bien vas a oler durante una buena temporada!

— Di alto y claro «¡¡mira qué bonito!!» cuando pasas por una tienda con una amiga y se aproxima tu cumpleaños. Si tu amiga no te lo regala, es que esa no es tu amiga ni es na.

— Usa tus camisetas en sus tres ciclos de vida completos: 1. Camiseta para salir. 2. Camiseta para dormir. 3. Trapo de limpieza. *I love* la reutilización.

Parece que resulta muy tentador ir a un restaurante chulísimo a probar su buena comida de calidad, no sin antes, por supuesto, haber fotografiado esos magníficos platos para que no se queden sin verlos nuestros maravillosos 122 *followers* de redes sociales (*#gourmet*). Que todo el mundo tenga el privilegio de conocer los excelentes lugares a los que voy a comer. Es como una regla no escrita de nuestra moderna sociedad: «mira, mira, aquí tengo a mi estómago haciendo turismo de alto nivel». Pero yo me pregunto, ¿qué sitio más elitista existe en el mundo entero que la casa de tu propia madre a la hora de comer? No hace falta ni que lo pienses, yo te respondo: NINGUNO. Eso sí que es alto *standing*. Tu madre no va a tener la delicadeza de llevarte el plato a la mesa y decirte: «Caballero, aquí tiene su plato de tubérculo de origen americano cortado en finos bastones y formas geométricas y fritos en zumo de aceituna andaluza con leve textura *crunch*. Embriones de gallina de campo criada en suelo en condiciones de semilibertad también fritos en zumo de aceituna andaluza a una temperatura de 180 grados». ¡No! Tu madre te pone un plato con una montaña de patatas fritas con huevos y dos filetes de lomo de cerdo coronándola, acompañado de una telera de pan de kilo para mojar. Y mojas tantos sopones que casi le borras las flores a la vajilla. De segundo, un plato de chocos fritos y cazón en adobo que lo ves y se te caen dos lagrimones como dos tapaderas de yogurt. Todo ello regado con un vaso de tu refresco favorito que puedes rellenar tantas veces como quieras, pero sin pasarte ni llegar al límite. ¿Cuál es ese límite? Pues cuando tu madre te diga: «niño, no bebas tanto que te vas a llenar el estómago de líquido y se te va a quitar el hambre». De postre una tajada de sandía fresquita del tamaño del abanico de uno de los cantantes del grupo *Lokomía* que te chorrea el líquido por el brazo hasta el codo y tú lo rechupeteas con tu propia lengua. Y para rematar, un flan casero con galletas y caramelo líquido recién hecho que te pone los niveles de azúcar tocando la campanita. Cuando te comes todo eso, te levantas de la silla resoplando y dándote palmadas en el estómago que retumba y suena como el bombo de los hinchas de un equipo de fútbol. Bom Bom. Estas palmadas son muy importantes y tienen una doble función. 1. Activar el tracto intestinal y el aparato digestivo que tendrán un duro trabajo durante unas horas. 2. Mostrar a tu adorada madre qué gran panza estas echando, aunque aun así es posible que ella te suelte: «pues no has comido mucho, porque te has dejado tres trocitos de cazón en el plato». Dime tú a mí si eso no es que te traten como a un Marajá.

* * *

Y nada, en resumen, a lo que quiero llegar con esto: que creo que, aunque estemos atrapados en una jungla de marcas, logos y gadgets que nos persiguen hasta en sueños, debemos valorarnos por lo que somos, no por lo que tenemos. Y si tenemos que ser consumidores empedernidos de algo, que sea de momentos buenos, de risas y de carcajadas.

ODA AL CONSUMISMO (EN 8 NIVELES)

(1. Amor)
¡Oh consumismo, cuánto te quiero!
Me llenas la vida de cosas, sin cuento,
Me haces sentir importante, por momentos,
Lleno por fuera, ¿qué importa el vacío de dentro?

(2. Pasión)
¡Oh consumismo, fuente de pasión!
Si hoy tengo uno, mañana quiero dos,
Si tú tienes algo, eso es lo que deseo yo
Y si me vacía el bolsillo es que tiene más valor.

(3. Cariño)
¡Oh consumismo, cómo me persuades!
A hacerme fotos en grandes restaurantes,
De vasos, cubiertos y vajillas brillantes,
Aunque donde mejor como es en casa de mi madre.

(4. Admiración)
¡Oh consumismo, te necesitamos!
¿Una sudadera a cien? qué ganga, que barato.
Con un logo bien grande, bien berraco.
Pero ¿un libro a veinte? por dios, qué caro.

(5. Aprecio)
¡Oh consumismo, dame más y más!
Dame ofertas que no pueda rechazar,
Dame rebajas, dame ropa que comprar.
Me lo pruebo, lo devuelvo y vuelta a empezar.

(6. Desencuentro)
¡Oh consumismo, ¿qué está pasando?
Me dijiste «esfuérzate y todo caerá en tus manos».
Creí en la sociedad que me habías regalado,
Y sigo siendo pobre, aunque pase el día
trabajando.

(7. Desdén)
¡Oh consumismo, cruel alimaña!
Me muestras un producto, me dices: «toma y
paga»
¿Qué no tienes dinero? No pasa nada.
Si no lo pagas hoy, lo pagarás mañana.

(8. Odio)
¡Oh consumismo, cruel enemigo!
Sin saberlo, escribiste mi destino
Trabajé duro y tú fuiste testigo
Al pasar a hombre el que fuera un niño.

Antes éramos hermanos, ahora conocidos
Antes mi mundo era un simple patio de vecinos
Antes una pelota era todo lo que quisimos
Y es que, sin saberlo, antes éramos ricos.

UN DÍA DE PLAYA

Bajo el lienzo del cielo dorado, la playa extiende su vasto manto de arena que abraza mis pies desnudos. Las olas danzan en un eterno y armonioso vaivén, como un coro celestial, susurros salados que se alzan y descienden, un eco ancestral que acaricia los oídos.

El sol, divo e imponente a la vez que amable y suave, se inclina con parsimonia hacia el horizonte, vertiendo su luminosidad en tonos cálidos que funden el día con la noche. El firmamento se tiñe de colores como sacados de la paleta del más consumado artista, mientras las sombras se alargan en la playa, como los dedos del tiempo extendiéndose.

Las gaviotas, esplendorosas aves del viento, despliegan sus alas en un *ballet* aéreo, contornos blancos que trazan líneas en el cielo. Sus voces: un canto de libertad y nostalgia que se entrelazan con el susurro de las olas.

El aroma del mar, salino y fresco, se entremezcla con la fragancia de la brisa que me eriza la piel. En este rincón del mundo, la tierra y el mar se abrazan con suma ternura, como amantes eternos que se reencuentran al final de cada día.

Me sumerjo en el mar. Nado. Buceo. Me transporta a la paz absoluta de cuando estaba en el vientre de mi madre. Y me siento en plena armonía con la vida.

¡QUÉ BONITO!

Así es como vemos las playas en las películas, la televisión o las revistas: un auténtico paraíso terrenal. Pero convengamos en que eso no es la vida real, ¿verdad? Os bajo de esa idílica nube y, hablando por mi experiencia a lo largo de los años, la descripción que yo haría sería más bien la siguiente:

Llego a la playa y ya está atestada de gente. Parece un centro comercial el primer día de las rebajas. Hay más gente que en el comedor de Harry Potter. Salí temprano de casa, pero una caravana de coches me ha hecho tardar el doble en llegar. Por no hablar del trabajito que ha costado encontrar aparcamiento. He dejado el coche en un huequito minúsculo demostrando las habilidades adquiridas tras tantos años jugando al Tetris.

Suelto todos los bártulos donde se puede y nos instalamos. Hay niños jugando a la pelotita, gritando, salpicando arena. ¡¿Estos nenes no tienen padres o qué?! A mi vecino de sombrilla le ha dado por poner el fútbol a todo volumen en un transistor que tiene más años que la humedad. Ese transistor debería ser considerado patrimonio histórico. Las gaviotas desafinan como un grupo de amigos en un karaoke de despedida de soltero.

Me quito la camiseta y me voy hacia el agua luciendo tipito: una buena talega cervecera, como debe ser. Todos me miran, la envidia les corroe, lo sé.

Me quemo las plantas de los pies con la arena que más bien parece magma. Más caliente que el queso de un San Jacobo. Llego a la orilla y noto que, en cambio, el agua está muy fría. Gélida. Más fría que el beso de una suegra. Me adentro en el mar y llega el momento crítico más temido por todo hombre: cuando nos llega el agua a la entrepierna, a los mismísimos «gametangios». Ahí desaparece por completo toda mi masculinidad y grito como una grupi en un concierto de Maluma: ¡¡ahhhhh!! Se me acaban de convertir en dos pequeñas canicas y la pichilla como un globo pinchado.

Creo haber visto una medusa y salgo del agua despavorido.

Me he ganado una cervecita fresca. Ojú, ha saltado el levante, aire fuerte, caliente y seco que hace que los granos de arena sean auténticos proyectiles que golpean en mis piernas y que las sombrillas vuelen como Mary Popins.

Llego a mi sitio, me pongo las gafas de sol oscuras que me permiten tener una visión periférica de 180 grados pasando totalmente inadvertido, me siento bajo mi sombrilla y la agarro para que no se me vaya de viaje, acerco la neverita de corcho (sí, soy vintage), me abro la primera latita de cerveza y suspiro esperando que sea ya la hora de irse a casa. ¡Ah, la playa, qué lugar tan idílico!

En la playa nos podemos encontrar a gente de todo tipo. Hombres, mujeres, altos, bajos, gordos, flacos, viejos, jóvenes, gente que camina, gente que corre, gente que juega a las palas, gente que no sale del agua, gente que no entra en el agua; gente dentro del mar con el agua por la cintura, brazos en jarra y mirada hacia el horizonte (que están meando obviamente). Pero desde que tengo uso de razón, en la playa, yo he clasificado a la gente en correspondencia con su color o tono de piel: Blancos, colorados, morenos y retostados o «renegríos».

— BLANCOS: Probablemente sea su primer día de playa del año y se le nota a la legua. Hay gente con la piel muy blanca. Que para mirarla te tienes que poner gafas polarizadas porque el sol se refleja en ella como en una pared recién encalada. Yo he visto a gente tan blanca, tan blanca, que a su lado el fantasma Casper parecería un mulato de La Habana. Más blanca que un choco lavado. Que tú ves a esa persona y te entran ganas de preguntarle: ¿Tú dónde has estado metida todo el año? ¿En una cueva?

— COLORADOS: Llegas a la playa por primera vez en todo el año con el veranito ya avanzado. Ha sido un invierno duro y estresante y encima, ves que todo el mundo ya está bronceado y tú estás más blanco que un vampiro con retortijones. Te entran las prisas por ponerte al nivel cromático de todo el mundo y te tumbas al sol como diciéndole: «hazme a la parrilla. Vuelta y vuelta». Si tiene aceite solar, mucho mejor. ¿Qué es lo que pasa? Pues que no eres un filete de ternera que te puedas hacer a la brasa, sino que eres una persona, muy tonta sí, pero una persona, al fin y al cabo. Caerá la tarde, nos iremos de la playa y caminarás con los brazos bien abiertos como intentando que no te toque ni el viento. Te duele hasta la camiseta. Te esperan unos maravillosos días en los que estarás rojo como un carabinero.

— MORENOS: Ya han estado varias veces en la playa o la piscina y han cogido colorcito. Posiblemente ya hayan mudado la piel como las serpientes, pero eso ya no les importa porque están como querían. Pero cuidado, están caminando sobre el fino filo de la navaja y si se pasan, pueden caer en el siguiente nivel del que no hay vuelta atrás: los retostados.

— RETOSTADOS: estos son los que ya se han pasado el juego. Parecen una croqueta que se te ha olvidado en la freidora. Más negro que la uña de un mecánico. No se puede decir que estén bronceados, no se puede decir que estén morenos, no se puede decir que estén tostados, ni siquiera que estén negros. Sí se puede decir que están «RENEGRÍOS». Parece que han salido de una tribu de Mozambique. Los ves de noche y si está oscuro, los tienes que distinguir si sonríen o abren los ojos. Han decidido que quieren el sol sólo para ellos. Que los ves tirados en la arena, color azabache, tomando el sol sin hacer absolutamente nada: ni leen, ni se toman nada, ni bichean el móvil. Nada. Sólo toman el sol. Abrásame, por favor. ¿Y la piel? Dura, curtida. Se les queda la piel tan dura y marrón que parecen que están hechos con cuero de Ubrique.

— Oye, tu marido está en la orilla hablando con una chica rubia.

— Déjalo, a ver cuánto aguanta metiendo barriga.

Y soy totalmente consciente de que la protección de la piel, en los tiempos que corren es sumamente importante. Necesitamos proteger y cuidar el órgano más grande del cuerpo. Y habrá quien diga: «Nooo, yo es que soy muy moreno y no me quemo» Échate protección que más morenos son los tuaregs y van tapados hasta la boca. O el que diga: «Nooo, a mí no me hace falta porque yo no me quito la camiseta» Échate protección o ¿es que quieres tener el moreno de albañil? Brazos morenos y pecho blanco como un folio virgen.

Pero es que cuando estoy en la playa, suelo ver a gente que está completamente obsesionada con echarse crema solar. Mucha crema solar. En cantidades industriales. Como si no hubiera un mañana. Algunos parecen que se han echado la crema solar a pistola, que un amigo mío ha cogido una manguera a presión y ha bañado a su niño en crema.

Y esa obsesión por la protección ante los rayos ultravioletas tiene su mayor exponente en las madres. Que ves tú a una familia al completo llegando a la playa, el nene nervioso deseando soltar sus cosas para salir corriendo hacia el agua y cuando da el primer paso de la carrera le dice su mamá: «¡ Eeeeehhhh¡ No, no, no (moviendo el dedo índice de un lado a otro). Ven que te voy a echar un poquito de crema». En ese momento para esa madre, el término «un poquito de crema» es el resultado de una complicada ecuación: índice de masa corporal de su hijo elevado a la edad del niño y multiplicado por la hora que sea en ese momento.

Y está muy bien velar por la salud de tu hij@, no estoy diciendo lo contrario, pero ¿no se nos está yendo la cabeza un poquito? Yo he visto a madres untando crema solar factor 120 con un rodillo, como si estuviese encalando la fachada de su casa.

Que me imagino que antes de ir a la playa se ha parado en el ultramarinos de su barrio para comprar los bocatas y refrescos y en la ferretería de al lado para comprar un rodillo y dos brochas de las gordas. ¿Qué va a ser lo siguiente? ¿Comprarse un palaustre de albañilería y echarle la crema solar como el que echa el cemento para enfoscar una pared? ¿agarrar al niño por los pies y mojarlo en una garrafa de 25 litros de crema como el que moja una galleta maría en el vaso de leche? A partir de ese momento, ese niño es considerado material ignífugo. A ese niño le convalidan todas las pruebas de las oposiciones de bomberos.

* * *

¡Ay, cómo cambian las cosas con el tiempo! Con el paso de los años, mi forma de ver e interpretar lo que es un día de playa ha ido cambiando poco a poco. Para mí, un día de playa actualmente no es lo mismo que un día de playa de cuando tenía 18 años. ¿Y para ti? Te pasa lo mismo, ¿verdad?

Antes si tenía una toalla y un par de euros para comprarme una lata de refresco y un paquete de Doritos, era el tío más feliz del mundo. Extendía la toalla, me sentaba sobre ella, me habría mi latita fresca y mi paquetito de Doritos y de ahí no me movía ni dios. ¡Ya podían caer bombas!

Hoy en día, la cosa ha cambiado un poco. Soy más exigente, más sibarita. Hoy en día necesito mi kit de supervivencia playera que incluye:

— La sombrilla. No sombrilla – No *party*. Es ultra esencial. Si no hay sombrilla, no cuentes conmigo, porque creo que es, junto a las cervezas, el accesorio más importante en un día de playa. Y me lo tomo muy en serio, por eso me he comprado una sombrilla con tratamiento especial para bloquear los rayos UVA. Poca broma. Que todavía, a veces, veo por la playa a alguno que otro con la sombrilla de lana con flecos de colores y palo de hierro oxidado de la época de cuando mi abuelo era marinero. Todavía suelo ver por las playas de mi tierra a gente con la sombrilla de la EXPO 92 con Curro, descolorido, como imagen. O la sombrilla de propaganda que consiguió en los años 80 enviando 50 tapas de yogurt por correo postal.

— Soporte de rosca: se acabó eso de escarbar en la arena con el talón del pie para abrir hueco para clavar la sombrilla. ¿No tienes soporte de rosca? No sabes lo que te pierdes. Lo clavas en la arena como el que está poniendo un tornillo. Gira con fuerza, y gira, y gira, y gira... Pero no te pases, que alguno ha girado tanto la rosca que ha aparecido la punta por Nueva Zelanda.

— Silla: También muy importante. Que ves a los chavales tirados en la toalla sin silla y piensas: «Qué jóvenes, ignorantes... y elásticos son. No saben lo cómodo que es estar sentado en la playa en una silla». Y es que el llevar silla a la playa es como un salto de nivel generacional.

Llevar silla a la playa es como si te dieran el carnet de «no joven». Los que llevamos sillas a la playa somos los mismos que preferimos quedarnos un sábado en casa viendo Netflix que salir a tomar algo. ¡Los mismos!

— Mesita plegable: mesita bajita muy apañada para apoyar la cervecita y la comida, jugar a las cartas. Apañadísima.

— Nevera: Con hielo y mucha cerveza. Pesa como si le estuvieses haciendo la mudanza a un herrero, pero eso es buena señal porque indica que está bien cargada de pirriaque. Como he dejado claro, yo estoy ya en un plan de que, si no hay cerveza, no voy a la playa. Y si voy, no me marcho hasta que me las acabe todas o vea que alguien que esté pasando por mi lado, mire todos los botellines de cristal o latas de cerveza que me he ido bebiendo a lo largo del día y colocando en el suelo y diga: «¡Ojú, qué cascareo!»

— Bolso: Es el cajón de sastre donde se mete todo lo demás: toalla, bañador de sustitución, crema de protección, *after sun*, la comida, bolsa de patatas, pipas para matar el aburrimiento, una baraja de cartas, revista o libro, auriculares, neceser con útiles (cartera, llaves, móvil, etc). Qué piensas «Joder, ¿esto es un bolso de playa o el bolsillo de Doraemon?». Tu abres el bolso de la playa y es como si hubieses descubierto una puerta astral y de ahí puede salir cualquier cosa. Cualquier día abro el bolso y sale un Hobbit: «Perdona, ¿para ir a la Tierra Media?»

En un día de playa la comida es algo muy importante. ¿Qué digo muy importante? Es esencial, fundamental, indispensable, primordial, vital, cardinal.

Además, existen ciertos alimentos que son los oficiales para ir a la playa y todo lo que sea salirse de eso, es pura perversión. A ver, no te vas a llevar a la playa una fiambrera de garbanzos con acelgas por mucho que te guste. No te vas a llevar a la playa un termo con caldo de puchero calentito de tu abuela. No tendría sentido alguno porque podrías rozar el punto de ignición humano. O sea, que te tiras un pedo y sales ardiendo.

La comida oficial para un día de playa es el bocadillo (en todas sus vertientes), el filete de lomo o pollo (si es empanado, mejor), la tortilla de patatas (con su mijita de arena que le da un toque *crunch*), las croquetas (que siempre entran bien), la ensalada de pasta (hidratos y un poco de verde) y pimientos fritos (pimientos cuerno cabra, una auténtica delicatessen). ¿Y de postre? Una buena tajada de sandía que has enterrado hace rato en la orilla para que se ponga bien fresquita. Para disfrutar bien la tajada de sandía como debe ser, debes cumplir dos requisitos esenciales: 1. Te tiene que chorrear de la mano hasta el codo para luego chuperretear como un niño relame su piruleta y 2. Hay que escupir las semillas como como si fueras una ametralladora de la II Guerra Mundial. Todo lo que se salga de ahí, es un sinsentido.

Bueno, tengo yo un amigo al que le gusta mucho ir a la playa con su chacina ya preparada: chorizo, salchichón, fuet, etc. Dice: «es que yo soy carnívoro y necesito algo de grasa en mi cuerpo». ¿Pero qué pasa? Que cuando va a la playa acompañado lo lleva todo bien cortadito de casa, y como sabe que tiene que compartir y mi amigo es un poco tacaño, que es más agarrado que una pelea de pulpos y no se estira ni por las mañanas, lo corta muy, pero que muy fino para que le salga una mayor cantidad de lonchas. ¿Cómo de fino? Tan fino que si lo alzas, el viento lo atraviesa. No es una loncha de chorizo, es un tozo de tela de tul rojo. Puedes ver lo que hay detrás. Parece que, en lugar de cortarlo con cuchillo, lo ha cortado con una máquina de agua de cortar azulejos. ¡Finísimo!

* * *

Y después de la comida ¿qué es lo que te pide el cuerpo? LA SIESTA, claro que sí.

Y habrá quien en este momento diga: «claro, como tú eres andaluz no perdonas una buena siesta. Es vuestro deporte regional y lo lleváis en los genes». Perdona, majo/a, veo que la inteligencia te persigue, pero tú eres más rápido. Está comprobado que la siesta es beneficiosa para la memoria, la relajación, disminuye la fatiga y mejora el buen humor. A ver, me refiero a una cabezadita de 15 ó 20 minutos. Un «orejazo». No estoy hablando de esas siestas eternas que se echa alguno con pijama, botella de agua en la mesilla y la persiana agachada hasta abajo que cuando se despierta, con la marca de la almohada en la cara y el procesador en modo avión, no se acuerda ni del día de la semana en el que está y piensa «¿ahora qué es por la mañana o por la tarde?».

Retomo: Y después de la comida ¿qué es lo que te pide el cuerpo? LA SIESTA, claro que sí. Porque la playa cansa, aunque no hayas hecho absolutamente nada. ¿Cómo puedo estar cansado si no me he movido de la silla? Pues cansa. Y muchas veces, dormir la siesta en la playa es harto complicado, todo una odisea, porque parece que están esperando a verte caer en los brazos de Morfeo para que el bebé de la gente de al lado empiece a llorar desmorecido, el muchacho de más para allá sacuda la toalla la toalla con «jibia», los niños jueguen a la pelotita y celebren los goles como en una final de la Champions League y los que son los más «porculeros» de todos: los grupos de jóvenes armados con un minúsculo altavoz portátil bluetooth que cabe en la palma de una mano y que suena como si fuese un Bafle de una discoteca de Ibiza. Y esa música «chuntera» a todo volumen que se te adhiere al cerebelo como un chicle pegajoso y no puedo sacarme de la cabeza: «Saoko papi, Saooookooooo», «Puedo estar con todo el mundo na na na na naaaa», «Noche ochenteraaaaa, toda la noche enteraaaaa»,

«Queeeeedateeeeee», «Una loba como yo no está pa tipos como tú uuuuuuhhhh»… «Una buena mili le hace falta a esa gente» diría mi abuelo.

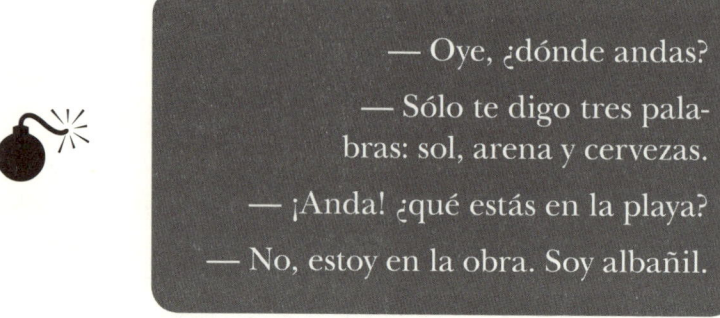

— Oye, ¿dónde andas?

— Sólo te digo tres palabras: sol, arena y cervezas.

— ¡Anda! ¿qué estás en la playa?

— No, estoy en la obra. Soy albañil.

Yo siempre he asociado la playa con el calor. Para mí la playa y el calor son como esas parejas inseparables: Batman - Robin, Zipi - Zape, Romeo - Julieta, Ying - Yang, Gin - Tonic. Y es que hay gente que dice abiertamente que a la playa se va para pasar calor. «Para sudar y limpiarse los poros» dicen. Hay quien se pone bajo el sol abrasador con esa media sonrisilla de gustito que se nota que está disfrutando. Huele a barbacoa de los domingos, pero está disfrutando. Y encima me dice: «¿Pero tú que has venido a la playa a quedarte todo el día debajo de la sombrilla? » Hombre, yo de aquí no me muevo hasta que no haya una temperatura acorde con la vida humana. Que he visto a dos gaviotas con cantimplora. Que hace más calor que en una romería en Kenia. Más calor que vigilando un puchero. Más calor que en la comunión de un niño zulú. Desde luego, en ese momento de punto álgido de temperatura, lo único que me apetece es instalarme en el pasillo de los yogures del supermercado y no salir de allí hasta septiembre.

Y el calor afecta a la arena. La recalienta de tal manera que a ciertas horas del día se convierte en brasas. Alcanza unas temperaturas que hasta un beduino estaría pegando saltos. Resulta francamente gracioso cuando veo desde mi adorado bunker, con la protección de mi sombrilla, sentado en mi sillita y con una cervecita helada en la mano, a alguno que intenta atravesar la inmensidad de la playa en busca de la orilla que se le hace tan largo que parece que está atravesando el desierto del Gobi. Me recuerdan a esos reptiles pequeños que vemos en los reportajes de La Dos a las 4 de la tarde que corre tan rápido sobre el agua que apenas la toca. Que parecen que van flotando. Cuando al fin llegan a la orilla, se les puede intuir la cara de gusto y los pies huméndole «Tssssss».

* * *

Para algunos, la operación bikini es una cosa bien seria a la que le dan mucha importancia y ya por primavera están pensando en esos momentos de verano cuando tengan que mostrar sus cuerpos al resto del mundo. Que si un michelín por aquí, que si tengo la piel como una naranja «guachi», que si tengo barriga con denominación de origen, que si me cuelga tanta piel del brazo como para hacerme un bolso y tres carteras, que si tengo la papada de un pelícano, que si tengo pelos en las piernas.

Lo mejor es vivir sin complejo y sin importarte el qué dirán. Yo tengo una amiga que tiene muchos pelos en las piernas y a ella no le importa y es feliz. Tiene los pelos de las piernas tan tiesos y duros que con un pelo podría sacarle la tarjeta sim al Iphone. Tengo un amigo que es muy gordo, pero él es feliz. «Hola, soy Manolo y soy un gordaco ¿algún problema?» Pero no es gordo porque tenga algún problema de tiroides, no, es gordo porque todo lo que toca lo convierte en calorías. Bosteza y engorda 100 gramos. Es increíble. Además, Manolo come mucho. Manolo es capaz de comerse un ñú empanado de una sentada. A Manolo le han declarado persona non grata en 5 bufets libres de su ciudad. Manolo tiene el estómago blindado, tiene el estómago forrado de cuero. Todo lo que coma, lo digiere perfectamente. Y alguna vez le han dicho: «Manolo, ¿por qué no te apuntas al gimnasio?» «porque sudo y me canso». Mientras tú estás en la clase de spinning preguntándote por qué te castigas de esa manera e implorándole al cielo que te lleve pronto, Manolo está en el Mcdonalds comiéndose dos menús XXL de Big Mac con papas Deluxe y un Mcflurry de Oreo con doble de caramelo. En el Burger de su pueblo ya le han puesto hasta una placa con su nombre grabado con letras doradas. Le han puesto el nombre a una hamburguesa en homenaje a mi amigo: La McNolo.

Me encanta tener la posibilidad de escaparme algún día del verano a la playa con mis amigos de toda la vida. Al menos, una vez al año. Es un evento tan exclusivo que parecemos la reunión de militares retirados para contar batallitas. Y cierto es que cada vez es más complicado hacerlo porque todos tenemos algún compromiso o alguna dificultad para reunirnos. Alguno está explotado en el trabajo y echando más horas que un reloj (hijo mío, afloja un poco que no vas a heredar la empresa), alguno se marchó a vivir fuera por amor y viene para dos ratitos a su tierra, alguno tiene hijos como para formar un equipo de fútbol y a alguno la pareja le tiene la cuerda más corta que a un perrito. El caso es que cuesta una cosa bárbara podernos reunir los amigos de siempre, pero cuando se alinean los planetas y lo hacemos, nos lo pasamos en grande. Y si alguien quiere sumarse a nuestro grupo de amigos será perfectamente bienvenido siempre que cumpla un requisito indispensable: traer cerveza fresca y patatitas. «Mira, yo quiero ser vuestro amigo, pero lo que traigo es zumo de naranja y dos manzanas Golden» ¡¡Fuera de nuestra vista!! Existe también otro requisito ineludible si quieres ser recibido en nuestro grupo de amigos para ir a la playa: hay que tener barriga. Panza. Talega. Imaginemos que viene alguien que ha estado todo el año castigándose en el gimnasio y comiendo pollo a la plancha y arroz hervido para tener el *six pack*. Ya puede ser la persona más maravillosa del mundo, pero siento decir que no puede estar con nosotros. No puede ser que te quites la camiseta y parezcas un Adonis y nosotros nos quitemos la camiseta y parezcamos una reunión de luchadores de sumo retirados. Si quieres estar con nosotros tienes que pasar la prueba de que te demos un leve e indoloro golpecito en la barriga y que te vibre por lo menos medio cuerpo. Si no te vibra hasta la tetilla de la oreja, no puedes venir a la playa con nosotros. Tenemos un amigo que le tocas de refilón en la barriga y le vibra hasta el lóbulo occipital del cerebro. Le das en la barriga y se crea un terremoto nivel 6 en la escala de Richter. Se estima que el cuerpo humano es aproximadamente un 65% de agua, pues entonces mi amigo es una piscina pública. Mi amigo no está gordo, mi amigo está inundado.

Y es que la playa tiene amantes y detractores, gente que la adora y gente que la detesta con todas sus fuerzas, pero hay que reconocer que la mayoría de las veces, un día de playeo, es un verdadero planazo. La playa es como una exnovia con la que tuviste momentos inolvidables, pero también tremendas discusiones. Aunque también reconozco que ciertos días de verano, con el calor, la humedad, el sol abrasador, la bajada de tensión… si alguien me preguntase: «¿Qué te apetece playa o montaña?» Sin dudarlo ni un solo instante le respondería: «Netflix, me apetece Netflix».

LA MARAVILLOSA VIDA EN EL PUEBLO

¡QUÉ LEVANTE LA MANO TODO AQUEL QUE SEA DE PUEBLO!

Así es como habitualmente comienzo mi show cómico en directo que llevo por toda la geografía española desde hace ya un buen puñado de años. Algunos levantan la mano con orgullo rural, otros lo hacen cuando pregunto por quién es de ciudad y otros tantos no la levantan en ningún momento, bien por vergüenza, bien por desgana o bien por «¿para qué c*** quiere este tío que yo levante la mano? Yo he venido aquí a escuchar y a ver si tú eres capaz de hacerme reír a mí. No a participar en tus tonterías». Éste último es el clásico espectador-retador que desafía al cómico a un duelo por la risa: «Venga, hazme reír. Venga, venga, a ver si lo logras».

También me suelo encontrar a quien no tiene bien claro si su población es un pueblo o es una ciudad. Y a veces me topo con algunos que se flipan un poco:

— Y ahora, que levante la mano todo aquel que sea de ciudad.

— ¡¡Yo!! (mano levantada con mucho orgullo).

— ¿De dónde eres?

— De Bormujos.

— Ahhhh. Claro, la gran urbe de Bormujos. Todo el mundo lo sabe. Tokio-Nueva York-Bormujos. El triángulo bursátil mundial.

Con todo el cariño a la población de Bormujos y su maravillosa gente. Que era sólo por poner un ejemplo eh, no me tomen tan en serio.

*   *   *

Personalmente, creo que tengo la licencia para poder hablar de la vida en el pueblo pues es donde me he criado, donde me he desarrollado y donde me he hecho quien soy (no quiero bromitas eh). Pero ser de pueblo no significa vivir en el salvaje oeste ni que cada vez que alguien de pueblo vaya a alguna ciudad sufra una metamorfosis y se transforme en aquel maravilloso personaje, paleto pueblerino, que hacía Paco Martínez Soria en la película «La ciudad no es para mí». Un mañico sesentón perdido en la ciudad con la dirección de casa de su hijo anotada en un papelico, cargado con una cesta con dos gallinas, un cuadro de un retrato de su mujer y una maleta amarrada con una cuerda. Los tiempos han cambiado, ahora la gente de pueblo va a la ciudad y no desentona, no salen corriendo detrás de las palomas en el parque. ¡Pitas, pitas, pitas!

Yo soy de pueblo. Un pueblo de colonización. ¿Qué no sabes qué es un pueblo de colonos? Bueno, no pasa nada, yo te lo explico. Porque Juancho Bernabé divierte y educa. Dos en uno. Los pueblos de colonos son pueblos que se crearon, debido a una reforma agraria, a partir de los años 40 del siglo pasado y empezaron a brotar como champiñones a lo largo y ancho de España y muchos de ellos en Andalucía. Sus primeras casas eran muy grandes. Más grandes que el ego de las Kardashian (300 – 400 metros cuadrados entre vivienda, patio y corral) porque allí vivían las familias que solían ser muy numerosas (si tenía menos de 7 hijos se consideraba un hogar pequeño. Se ve que no había televisión y el tiempo libre la gente lo ocupaban haciendo… bueno, más gente) junto a los animales: vacas, bueyes, burros, mulos, gallinas, cochinos, etc. Aquello tendría que oler como la habitación de mi hermano después de dos semanas sin limpiarse ni recogerse.

Con el paso del tiempo fueron construyendo otro tipo de viviendas más modernas. De hecho, tengo un amigo que no vive en una casa de colonos, sino que vive en una vivienda que se hizo en los años 90. Atentos: una VPO de 57 metros cuadrados. Y allí vive: él con su padre, su madre, su abuelo, su abuela, su hermano, sus dos hermanas, su tío, su tía, su primo, su prima, su cuñado, su cuñada, su sobrino... y un hombre que viene cuando su padre no está. O sea, la casa está petada siempre. Recuerda: 57 metros cuadrados, dos habitaciones, salón, cocina y un baño. Eso es todo. Aquello es un Tetris gigante. La casa está tan llena que para que entre el sol, se tienen que salir 4 personas. Una casa tan apretada que solo entras con el estómago vacío.

— Oye, que no estás en tu pueblo. Aquí en nuestro piso compartido no puedes tener un cerdo.

— No te preocupes, el cerdo viene conmigo a la habitación. Se va a quedar debajo de mi cama.

— ¿Debajo de tu cama? ¡Qué asco!

— Pues que se aguante.

La lluvia en el pueblo es el mayor de los regalos que puede hacer la naturaleza. En el campo, la agricultura y la ganadería son esenciales y las tierras y los animales necesitan la lluvia. No se van a regar las lechugas con agua embotellada Lanjarón, ¿no?

Hablar de la lluvia es como hablar del último capítulo de la serie de TV «Juego de Tronos»: a algunos les encanta y otros la detestan. Pero hablar de lluvia con un campero, es hablar de un tema muy, pero que muy importante. En Andalucía, mi tierra, la lluvia no se puede decir que sea muy abundante y a veces sufrimos largos periodos de sequía. A ver, que puedo entender que para alguno la lluvia sea un engorro porque no vive en el campo, sino que vive en la urbe: (Leer con voz de pijo) «Ay que se me encrespa el pelo», «ay que se me mojan los zapatos nuevos», «ay que ha pasado un coche y me ha salpicado en el pantalón de piel de melocotón». Pero en el pueblo la lluvia es oro.

Si llueve, en el pueblo, la gente está contenta y vayas a donde vayas, siempre te encontrarás a alguien que te diga exactamente la cantidad de litros de agua por metro cuadrado que cayeron el día anterior. Que puede que te preguntes: ¿es meteorólogo? ¿es climatólogo? ¿Es físico? ¿es un especialista en Aeronáutica? Pues no precisamente. Es simplemente el Aurelio, un señor mayor jubilado que tiene dos cosas: un pluviómetro en su casa y mucho tiempo libre. Para el Aurelio, su pluviómetro los días de lluvia es como para un adolescente la Play Station 5. El Aurelio es el Roberto Brasero rural. Y para el Aurelio todo lo que llueva le va a parecer poco. Y si le preguntas, aunque te conteste de mala gana, que sepas que le estás haciendo sentir realizado.

— Aurelio, ¿Cuántos litros cayeron ayer?
— 25 litros.
— ¿25 litros? Pues está bien, ¿no?
— ¿Qué está bien 25 litros? Eso no es nada, chiquillo. Deberían caer palanquetas de punta.

Que esa expresión es como decir «debería llover tanto, que el diluvio universal pareciera txirimiri en Bilbao».
Y por fin termina con su frase favorita:

— A ver si está lloviendo hasta que se ahoguen los delfines.

Sinceramente no entiendo por qué hay quien se avergüenza de ser de un pueblo y haberse criado en él. Para mí es un auténtico lujo y hay que llevarlo por bandera. Y es que hay alguno que lo ves en redes sociales y pone, por ejemplo: «Procedencia: Sevilla». Pero vamos a ver, José Luis, si tú eres de Villanueva del Trabuco y llevas únicamente 3 meses en Sevilla estudiando 1º de Psicología. Si tú eres más de campo que una tagarnina. Que te has criado debajo de una mata de tomates. Tú tienes de sevillano, lo que yo de presidente de la Sociedad de Amigos del Silencio.

Supongo que estos son de la misma cuerda de esos andaluces que cuando habla con su gente lo hace con naturalidad y con su maravilloso acento andalú, peeeero cuando habla con algún desconocido se hacen muyyyyy pequeñiiiiitos, se encogen como la ropa en la secadora y les afloran todos sus complejos de inferioridad e intentan ser quien no son, empleando un acento muy diferente al suyo marcando todasssss lasssss esssssesss de lasssss palabrasssss y lasssss frassssssesss y usando un castellano que parece que el muchacho se ha destilado en el mismísimo centro de Valladolid.

Mira, yo uso mi acento, mis expresiones y mi forma de hablar andaluza y de pueblo y me da igual si a alguien no le agrada. Al fin al cabo no le puedo gustar a todo el mundo, no soy una croqueta.

* * *

Los niños de pueblo son diferentes a los niños de ciudad. Y no digo ni mejores ni peores. Y creo que eso está determinado por el hábitat en el que se desarrollan. Y digo esto siendo totalmente consciente de que, en la actualidad, los niños de pueblo y los niños de ciudad cada vez se parecen más. Principalmente por dos motivos: 1. Por el mundo global en el que vivimos y 2. Porque están todos enganchaditos al móvil, Tablet y derivados. Es su droga: dámela por la mañana, dámela por la tarde y dámela por la noche. Y si me desvelo, dámela otro poquito más hasta que coja el sueño. ¡Ay!, si se engancharan igual a los libros.

Pero el caso es que los niños en los pueblos hace años, por ejemplo, en mi época, nos criábamos de una manera más... salvaje. Entiendo que en una ciudad es complicado y peligroso dejar salir a la calle solo a tu hijo pequeño de 6-7 años porque hay mucho tráfico, gente de todo tipo, etc. Cuando yo era pequeño, mi madre me abría la puerta de casa y me decía: «no te quiero ver por aquí hasta las 8 de la tarde, ¿te has enterado?». Que lo único que le faltaba era ponerme la planta del pie en la espalda y empujarme para afuera. Si acaso volvía a la hora de la merienda, me daban un bocadillo de Nocilla o de mortadela con accitunas y volvía a la calle comiéndomelo.

Era como si fuésemos los sobrinos de Indiana Jones. Salíamos de casa y todo lo que hacíamos era conocer cosas nuevas, descubrir y crear. Con 10 años ya éramos diplomados en supervivencia.

La época del Tour de Francia era una época eminentemente deportiva. Nos creíamos Perico Delgado y Miguel Induráin con su bicicleta «La Espada», aunque alguno llevara una bici más antigua que los rodapiés de las cuevas de Altamira. Era una bici versión 3.0 (porque era la tercera generación que usaba esa misma bicicleta: su abuelo, su padre y él). Cada día, cuando terminaba la etapa del Tour de Francia en pleno mes de julio andaluz, a las 5 de la tarde, con 40 grados centígrados a la sombra, que se veían pasar a los gorriones con cantimplora y a las lagartijas con guantes para no quemarse las manos, nos juntábamos un buen puñado de niños temerarios e inconscientes con sus correspondientes bicicletas para hacer una contrarreloj por equipos bordeando el pueblo. Cuanto más calor hacía, mejor, porque más nos motivábamos y mayor número de niños venían a la carrera. Y si tu bicicleta estaba averiada, pinchada o ya la había cogido tu hermano, serías el pringado oficial que se encargaría del cronómetro y de tomar los tiempos.

La época de los Juegos Olímpicos practicábamos una amplia diversidad de deportes que nosotros mismos adecuábamos a nuestros recursos y al espacio del que disponíamos:

— Lanzamiento de piedras en el campo: el que más lejos llegase, ganaba. Siempre había uno que tenía que ejercer de juez aun a riesgo de llevarse una pedrada (o como nosotros decíamos: «un pedruscazo»). No podía quejarse ni enfadarse, eran daños colaterales.

— Tenis con las palas de la playa y el campo pintado con tiza en el asfalto de las calles. Ley no escrita: si pasaba un coche, se repetía el punto.

— Carreras de sacos que eran realmente sacos de abono para el huerto. Alto nivel de intoxicaciones y alto nivel de incidentes y de boquinos llenos de tierra. 9 de cada 10 dentistas desaconsejaban este juego, pero ¡qué sabrán ellos!

— Béisbol. Absolutamente nadie conocía las normas de este deporte. Sólo sabíamos que había que batear muy, pero que muy fuerte. La pelota era de tenis y el bate era la rama de un árbol. El caos era nuestro campo de juego.

— Fútbol mini cuyas porterías eran unas camisetas en el suelo que ejercían de postes. El larguero no existía, así que se determinaba a ojo de buen cubero del propio portero. Podía pasar que el balón se fuera de una patada a la casa de un vecino (se «embarcara» como decíamos nosotros) y hubiese que ir a pedirlo, o que al dueño del balón lo buscara su madre y se lo llevara. El partido acababa en ese preciso momento.

— Y por supuesto, mi deporte favorito: Tiro con arco. Nos metíamos en el arroyo para coger los juncos que serían las flechas para nuestros arcos fabricados meticulosamente con una rama flexible y una cuerda bien tensa. Más tensa que Eduardo Manostijeras limpiándose el culo. En el extremo del junco le colocábamos una chapa de refresco o cerveza bien aplastada con una piedra para que acabase en forma de punta. Empezábamos disparando a algo que establecíamos como diana, pero todos sabíamos que ese deporte estaba abocado al desastre y que tarde o temprano acabaríamos en batalla campal. Nos disparábamos los unos a los otros. Sin remordimientos. Que parecía aquello una escena de la película Braveheart. Y si alguno se iba a su casa llorando o con el globo ocular vacío, ¡ahhh, se siente! Pero la guerra es la guerra.

Y es que nuestro pueblo era como una auténtica villa olímpica porque todos los niños íbamos vestidos con ropa deportiva y te los podías encontrar en cualquier rincón practicando el más inesperado de los deportes.

Y cómo se puede comprobar, la prevención de riesgos en estos Juegos Olímpicos Rurales brillaba por su ausencia. Puede que alguno se volviera a casa llorando, con un chichón en el frente, con varias piezas dentales en la mano o con el codo haciendo giros de 180 grados, pero lo más seguro es que volviera al día siguiente, mellado y con el brazo escayolado. Puede que fuéramos masoquistas, pero es que nos encantaba.

— ¡¡José!! ¡¡Que tu tractor se lo está llevando el río!!

— ¿Pero eso cómo va a ser? si tengo yo las llaves en el bolsillo.

Pero en el pueblo, los niños de mi época, también encontrábamos nuestro momento para conectar con la naturaleza. Con la madre tierra. Con la

Pachamama. Por supuesto los animales siempre nos han rodeado: las vacas, los burros, los caballos, las gallinas, los cochinos, las ovejas, las cabras, etc. Formaban parte del paisaje y de nuestro día a día. Recuerdo los rebaños de ovejas y de vacas cruzando por nuestras calles.

— Ey, paramos el partido que vienen las ovejas.

Lo malo no era que tuviésemos que detener el partido por esa visita inesperada, no. Lo que fastidiaba realmente era el desastre que dejaban a su paso porque nos dejaba nuestra cancha (que ciertamente era la calle) llena de caquitas de oveja. ¿Las habéis visto en alguna ocasión? Las caquitas de ovejas son visualmente como conguitos de chocolate. Sólo visualmente eh, ¡dudo que tuvieran el mismo sabor! Pero lo peor es que sueltan muchos conguitos allá por dónde van. Cientos de conguitos. Pasaban 50 ovejas y dejaban 500 conguitos. Aunque, puestos a elegir, prefería el rebaño de ovejas al rebaño de vacas porque estas últimas no dejaban precisamente «conguitos». ¿Me entendéis, no? Y pobre de ti si pisabas una buena boñiga de vaca bien fresca. Quedaban manchados tu zapato, tu calcetín, tu pantalón y hasta tú reputación porque a partir de ese momento y durante una temporada serías para todo el mundo «el pisaboñigas».
Como el que colecciona cromos de fútbol, nosotros coleccionábamos gusanos de seda. ¿Dónde los guardábamos? Pues en el espacio original y homo-

logado por la IAGS (International Association de Gusanos de Seda) para guardar a esos maravillosos animalillos: en cajas de zapatos con la tapa aguje-reada estratégicamente para que los gusanos pudie-sen respirar (tecnología de alto nivel). Un auténtico hotel 5 estrellas. Cuantos más gusanos tuvieses, más envidia y respeto generabas entre tus amigos. Pero lo mejor era cuando hacían el capullo y el culmen más adelante cuando se convertían en palomita. Era unos momentos fantásticos porque vivíamos la magia de la naturaleza de primera mano y nos creíamos auténticos biólogos. Muuuuucho mejor que el Tamagochi, ¡dónde va a parar!

Y es que los gusanos de seda se alimentan de hojas de morera y nosotros, cómo no, estábamos bien preocupados en que nuestras pequeñas y maravillosas criaturas estuviesen bien alimentadas. Como una abuela con su nieto, pero en la versión niño-animal. «¡Ay, que no me comes nada, gusa-nito!». Teníamos localizadas varias moreras y como éramos pequeños, no llegábamos a las ramas. Pero un niño de pueblo tiene que saber trepar a los árbo-les si no te quitamos el carnet de niño de pueblo. Y ya que estábamos allí, aprovechábamos para pegar-nos una buena panzada de comer moras. Tres en uno: ejercicio, lección de biología y merienda gra-tis. ¿Qué más se puede pedir?

Seguramente habíamos echado toda la tarde entre jugar a la pelota, retirar las caquitas de las ovejas, ir a por hojas de morera y hartarnos de moras como si no hubiese un mañana, pero al final de la tarde, a tu madre lo único que le preocupaba era que no te hubieses roto la ropa.

LA IMAGINACIÓN AL PODER.

Como en todos, en mi pueblo existen unas palabras propias, auténticas, oriundas. Unas palabras que no se usan en ningún otro lado y que no las recogen en ningún diccionario, pero que forman parte de nuestro léxico y son un alarde de originalidad.

Cuando uno quiere sacarse una muela o empastarse un diente, no va al odontólogo o dentista. No. Va al «hocicólogo» (de hocico). «Vengo del hocicólogo». Pero vamos a ver, ¿qué eres una yegua? ¿eres un galgo?

Cuando uno quiere graduarse la vista o ponerse unas lentillas, no va al oftalmólogo u oculista. NO. Va al «ojólogo» (de ojo).

Cuando uno quiere perder unos kilos y llevar una dieta equilibrada, no va al dietista. No. Va al «gordólogo».

Que me pasó que iba caminando alegremente por mi pueblo, me paró una señora mayor y tuvimos la siguiente hilarante conversación:

— Ey muchacho, ¿dónde te metes, que hace tiempo que no te veo?

— Señora, estoy fuera. Estudiando.

— Ah, ¿y qué estudias?

— Estoy estudiando Pedagogía. (Ya empezaba a mascar la tragedia)

— ¡Anda! ¿Eso que es lo de los pies?

— No señora, lo de los pies es «piesólogo». O «pezuñólogo», depende de las durezas que usted tenga.

LA IMAGINACIÓN AL PODER

Da igual como te llames. Da igual si tu nombre es bonito o feo, si es moderno o clásico. Da igual si te llamas de tal forma como homenaje y recuerdo a un familiar muy querido. Da igual si tus padres se quebraron la cabeza durante meses para buscarte el nombre más propicio, original o simbólico. Todo eso da igual. Es totalmente secundario. Porque en el pueblo, el nombre carece de peso, no tiene importancia. En el pueblo te buscarán un apodo a la mínima que entres en el colegio y empieces a relacionarte con la gente. Si tienes una leve cojera, serás «El Pasoscortos», si eres una chica bajita y con mucha cabeza y pelo, serás «La Chincheta». Y lo mejor es que lo aceptes, lo acates, y abraces tu mote con orgullo. Tener un apodo en el pueblo es como un rito de iniciación y si aún no te lo han puesto, no eres nadie.

LA IMAGINACIÓN AL PODER.

Los pueblos son un laboratorio de apodos y motes en continua y perenne transformación.

Es muy probable que en el pueblo te conozcan más por el apodo o mote que por tu propio nombre. Los motes pueden ser apodos familiares pasados de padres a hijos (si tu padre es «El Toro», tú serás «El Torito» y si tienes un hijo, probablemente sea «El Becerrito») o motes hirientes entorno a tu físico o algún suceso concreto del que has formado parte. Pero lo cierto es que en todos y cada uno de los pueblos de nuestra geografía, por muy pequeño que sea tiene que haber al menos un «chino», un «Cabeza o Cabezón», un «Oreja u Orejón», un «Negro», un «Gordo» y un «Largo». Eso como mínimo. Si en tu pueblo no lo hay ¡es que no es un pueblo ni es na! Yo creo que cuando crearon el pueblo hicieron la iglesia, montaron un bar y le pusieron estos motes a alguna de las gentes que había por allí. Y ya entonces, entorno a todo eso empezaron a construir todo lo demás.

En el pueblo, si tú eres la hija de Fermín, vas a ser conocida como «La Fermina» aunque en tu partida de nacimiento diga que te llamas María Luisa de todos los Santos. Y tu hermana pequeña, obviamente, «La Fermina chica». Si eres una mujer que, en una ocasión, en Navidades, te vestiste de rey mago para darle regalos y caramelos a los niños, serás «La Melchora». Que eres muy delgado y tienes menos carnes que el tobillo de un canario, eres «El

Pocascachas» o «El Pocaspringues». Que te trabas al hablar, eres «El Malalengua». Que eres el hijo de la carnicera del pueblo, eres «Churrasco» y tu hermano «El Filete de Lomo». Que tienes un poco de estrabismo, eres «El Lindamirada» o directamente «El Bizco». Que eres calvo como una bola de billar y te peinas con una esponja, eres «El SinPe» (Sin Pelo). Que estás mellado y tienes menos diente que una serpiente, eres «El SinDi» (Sin Diente).

LA IMAGINACIÓN AL PODER.

Y es que el diccionario está para usarlo, experimentarlo, exprimirlo y, en ocasiones, para mejorarlo. El laboratorio lingüístico pueblerino siempre está en movimiento. Y el movimiento se demuestra andando.

Tú, amigo o amiga de ciudad, no seas ignorante. No caigas en el error de pensar que los pueblos son espacios de incultura y atraso social e intelectual. Todo lo contrario. El pueblo es una fuente de sabiduría y originalidad. ¿Qué digo una fuente? Un manantial.

Las expresiones que se pueden oír en un pueblo, no las vas a oír en otro lado y, por supuesto, cada pueblo tiene sus propias expresiones originales y oriundas, pero sin duda, todas son maravillosas.

— Que no eres muy agraciado físicamente: «Eres más feo que un palmito arrancado a patadas».

— Que vienes despeinado o tu peluquero parece que te ha cortado el pelo sin encender la luz: «Tienes más malos pelos que una gallina matada a escobazos».

— Que el niño no para de dar por saco: «Es más jodido que un zapato cambiado». Por no mandarlo a callar directamente, que nosotros somos muy educados.

— Que alguien te ha hecho un gran favor y quieres hacerle saber todo lo agradecido que estás: «Eres más bonito que un remolque recién pintado».

— Que tu amigo llega con unos pantalones muy anchos: «Tienes menos culo que un galgo de pie».

— Que alguien tiene unos labios bien gorditos y carnosos: «Tiene más boca que un borrico silbando».

Y mi expresión preferida entre todas: «échale papas». De entrada, parece una expresión con poca sustancia y de corto recorrido, pero es mi favorita porque tiene muchas acepciones, connotaciones y según el contexto en el que te encuentres en ese momento y a quien vaya dirigida tendrá un significado u otro. Es la quinta pirueta de las expresiones. A mi forma de ver, la joya de la corona. Que ves a una chica guapa o un chico guapo: «¡¡échale papas!!». Que estás haciendo algo, la cosa se complica y no sabes cómo afrontarlo: «¡¡échale papas!!

». Que te lo estás pasando muy bien con tus amigos: «¡¡échale papas!! ». Que hace tiempo que no ves a un amig@ y cuando te lo encuentras, compruebas que ha engordado tanto que hasta su sombra pesa un kilo y medio: en este caso la expresión se perfecciona con una coletilla «¡¡échale papas, que carne no le falta!! ».

El «échale papas» es un comodín. Es la navaja suiza de las expresiones de pueblo. Al menos del mío.

Lo dicho, LA IMAGINACIÓN AL PODER.

* * *

Sabemos que muchos pueblos son terreno de abuelos y algunas personas solo van para visitarlos y ver cómo están.

Por supuesto una abuela de pueblo tiene que estar bien entrenada y capacitada para dar besos a sus nietos. Muchos besos. Una abuela de pueblo no se conforma con darte dos besicos: muac muac. No. Una abuela de pueblo te agarra, te echa el brazo al cuello cual llave de judo «¡El Mataleón! » para que no te puedas escapar y comienza a lanzarte una batería de besos a una velocidad estratosférica. Y hay algo que es muy, pero que muy importante: los besos deben ser sonoros porque si son silenciosos, no convalidan. Para ella, si los besos son silenciosos es como si no te quisiera. Para que te hagas una idea, deben sonar como una tormenta de granizos en un tejado de chapa. Si una abuela no hace eso, no le dan el carnet de abuela.

Y todos sabemos que las abuelas son unos seres mágicos, unas personas que deberían durar para siempre. Y también sabemos todos que, para una abuela, su nieto o nieta es lo máaaaaaas bonito del mundo. El amor le ciega. Así sea el muchach@ feo feísimo como el pie de otro, tu abuela te va a decir que eres maravillos@. «Ay qué guapa vienes hoy», «ay qué pelo más bonito tiene mi nieto», «ay, qué figura te hace esa camiseta». Peeeero si le preguntas a tu madre, que está más conectada con la realidad, puede que te des de bruces con la verdad:

— ¿Mamá, yo soy guapo?
— Hijo, ¿para qué nos vamos a engañar? Guapo no eres… (silencio incómodo) pero tampoco eres feo. A ver cómo te lo digo: tú no eres feo, tú eres especial.

Ahí lo deja y ahora vas y lo interpretas como quieras. Que eso es como decirle: «Tú eres guapo, pero guapo por dentro».

Claro, es tu madre y no quiere herirte en el orgullo, pero lo que se lee entrelíneas de la frase «tú no eres feo, tú eres especial» es más bien: «tú no eres feo, es que eres difícil de mirar» o «tú no eres feo, es que estás mal hecho» o «tú no eres feo, es que ganas mucho de noche y con la luz apagada».

* * *

Así que amigo, amiga, bienvenido al retiro rural donde el ritmo de vida de la ciudad se vuelve lento y relajado como una tortuga con resaca. Gracias por dejarme transportarte por un rato al paraíso campestre, al lugar donde el tráfico son las cabras cruzando la carretera con su paso lento y elegante, donde las ovejas te están esperando para cuando tengas problemas para dormir, donde las gallinas son las estrellas del rock y las vacas nuestras particulares Luciano Pavarottis. Donde la alta cocina es preparar un huevo recién cogido, directamente del gallinero a la sartén. Donde los atascos son sólo intestinales y donde la expresión «buscar aparcamiento» no existe.

Así que ya lo sabes, sin duda, el estrés se te pasará rápido, si decides sumarte a la «Rural Life».

LA VIDA EN PAREJA

¡¡ATENCIÓN!! AVISO IMPORTANTE:

Éste va a ser un monólogo cargado de tópicos. Lo que leeremos en las páginas que vienen a continuación seguramente te sonará muchísimo porque hablaré de cosas y situaciones que has vivido, de las que has hablado o de las que has escuchado hablar. Es probable que de tu boca salga alguna expresión como: «ostras, esto me pasa a mí» o «parece que está hablando de mi vida».

El humor y la comedia, tal y como yo los veo, nos brinda una poderosa herramienta para exprimir la realidad y aportar un toque de buen rollo. Creo que usando el vehículo de la risa encontramos perspectivas que aportan frescura a la vida. Le da una pizca de sabrosura. Por supuesto, esta herramienta la debemos utilizar con responsabilidad y respeto combinándolos adecuadamente con el ingenio y la empatía. Pero no me tomes tan en serio. Es esencial comprender que lo que os escribo no es una representación literal de la realidad, así que no quiero que tú, amigo lector, te lo tomes a la tremenda y pienses al leer este monólogo: «Uyyyyy, hay que ver lo que está diciendo este muchacho», sino que más bien pienses: «jajaja, ¡qué *mamoncete*!». ¿¿Lo pillas??

Puedes tirar de repertorio y llamarme básico, cuñado, estereotipador, anticuado, zoquete y neandertal. También puedes decirme que soy un comediante de clichés, un maestro del humor obvio o un humorista unidimensional. Vaaaale, pero si me quieres llamar de alguna manera o ponerme un apodo, por favor, que sea original y divertido, no me seas soso.

Si eres una persona que no es capaz de diferenciar entre un monólogo de humor y la pura realidad, te recomiendo que pases al siguiente capítulo. Pero, amigo lector, si yo te tuviera ahora mismo frente a mí, te pondría mis manos sobre tus hombros y te diría: «no te preocupes, el mundo real está ahí nada más levantes la vista y despegues tus ojos del libro. Pero mientras tanto, ¡relájate y disfruta un poco de esta realidad absurda y exagerada!».

. . . .

¡*Ladies and gentelmans*! (Redoble de tambores) Bienvenidos al increíble espectáculo de la vida en pareja. Porque en la mayoría de las ocasiones es como conducir un coche sin haberte sacado el carnet, como comprarte algo y que las instrucciones vengan únicamente en chino, como interpretar una obra de teatro sin haber ensayado.

Como muchas cosas en la vida, al principio es maravilloso todo lo que sucede en casa. Hacer la cama juntos, lavarse los dientes y hacer que se entrelacen los brazos como recién casados brindando y tomando champán, cocinar tan unidos que cortan las verduras uno pegado al otro al más puro estilo de la película «Gosth». TODO es una aventura deliciosa. Ya más adelante…

Podría hablar del empalague de esos comienzos, de cuando ella se ríe de todas las boberías que él hace, aunque sepa que no tiene ni puñetera gracia, de la intensa y cariñosa negociación para determinar quién apaga la luz, de los filetes cortados con forma de corazón… parece que flotas en una nube de algodón de azúcar. Momentos tan dulces que de sólo pensarlo se me pica una muela. Sí, podría hablar de esos momentos, pero tiene mucha más chicha hablar de cuando pasa algún tiempo y te bajas de la nube, ¿no crees?

> Y le escribe el novio un mensaje de *whatsapp*:
>
> — Si estás soñando, mándame tus sueños. Si estás riendo, mándame tu risa. Si estás llorando mándame tus lágrimas.
>
> Y le responde ella:
>
> — Estoy cagando, ¿qué hago?

Considero que es muy importante mantener viva la llama del amor, alimentar ese fuego regularmente para que no se nos apague. Es como una barbacoa, si se apaga el fuego, puedes volverlo a encender, pero es un follón. Y eso es algo que se puede hacer de diferentes maneras. Yo tengo pegada a la pared de la cocina de casa una pizarrita pequeña con forma de corazón y todas las mañanas le dejo un mensajito romántico para empezar el día con energía: «Que pases un bonito día, corazón mío» «*I love you* un montón» (tirando de idiomas. Yo es que voy todos los martes a Gibraltar a por tabaco). Me lo curro, me lo trabajo, e incluso en algunas ocasiones le dejo algo más poético: «Ayer pasé por tu casa y me lanzaste una flor, esta noche cuando pase que sea sin maceta por favor». Ella es más directa, más pragmática y normalmente me responde y me escribe: «Tira la basura» «Que no se te olvide fregar los platos».

Hay quien dice que prefiere estar en pareja porque, entre otras cosas, vivir en soledad un 14 de febrero, día de los enamorados, es muy deprimente.

Pero a mí no me parece tal e incluso yo a ese argumento le daría la vuelta de 180 grados. ¡Solteros, solteras, aprovechaos de la situación! ¡Los enamorados tienen únicamente un día al año, pero vosotros tenéis los otros 364! Es un chollo y además no tenéis que regalarle nada a nadie. Son casi todo ventajas.

*   *   *

Cuando vives en pareja te das cuenta de que las tareas del hogar no se hacen solas. ¡Ohhhh, qué sorpresa! Compruebas que no existen unos duendecillos invisibles que las hacen mientras tú duermes o te das una vuelta por la calle. Cuando yo vivía en casa de mis padres dejaba la ropa sucia en el cesto y al día siguiente «blup», aparecía mágicamente sobre mi cama ya lavada y planchada. Si me bebía todo el zumo o devoraba todas las galletas sin miramiento ni compasión, a la mañana siguiente miraba en la despensa y «blup», había más zumo y galletas de la marca que a mí me gustaban. Si se me pegaban las sábanas, tenía que ir corriendo al colegio y había dejado mi habitación como una auténtica leonera y oliendo como un tigre de bengala en celo, cuando volvía a casa «blup», tenía la cama hecha y la habitación recogida y ventilada. Todo parecía arte de birlibirloque. Pero yo no me lo cuestionaba. Era así y a mí me parecía bien.

El acuerdo tácito que yo tenía con mi madre con respecto a las tareas del hogar era de un *fifty-fifty*, un 50-50. El mismo porcentaje que tengo acordado con mi pareja, pero enfocado de una manera muy distinta. Yo ensuciaba, mi madre limpiaba. Yo comía, mi madre fregaba. Lo dicho, *fifty-fifty*.

Ah, por cierto, chicos, ayuden en casa.

* * *

Uno de los mayores riesgos que corres cuando vives en pareja es caer en la comodidad y el sedentarismo. Es como dar un salto al vacío, pero en lugar de caer en él, caemos en el sofá. Hay quien cuando es soltero o soltera se cuida, está en un estado de forma aceptable, va a la peluquería regularmente, se afeita cada ciertos días, se depila, etc.

— Cariño, hasta las flores más hermosas tienen espinas.
— ¿Me estás diciendo eso porque no te quieres depilar?

Pero cuando se marcha a vivir en pareja se acomoda, se apalanca y ya empieza a cambiar sus hábitos drásticamente.

Dejo a continuación las respuestas que me dio un amigo sobre su reciente cambio de hábitos:

— «¿La ducha? Está un poco sobrevalorada, ¿no crees? Un día sí y otro no. Que no quiero estropearme el PH de la piel y, además, hay que ahorrar agua. Conciencia ecológica se llama eso».

O sea, que quieres autoconvencerte de que te duchas poco por cuidar tu piel y por concienciación ambiental en lugar de reconocer que eres un guarrete y que te lavas menos que un dedo malo.

— «¿El gimnasio? Me he dado cuenta que es un gasto innecesario. Si al fin y al cabo vivimos estresados y ya quemamos grasas en nuestro día a día».

Ya, pero es que precisamente ese no es tu caso. Tú estás en un punto que para eliminar toda la que estás acumulando, tendríamos que ponerte a remojo en una bañera llena de *Fairy*, el milagro anti grasas.

— «¿La comida rápida? A ver, reconozco que donde vaya el puchero de mi madre que se quite una hamburguesa o una pizza, pero es que está muy bueno todo y además lo pido con la app del móvil y en 15 minutos ya está en casa».

Sigue así, picha. Dejas el deporte, te entregas al sedentarismo y a la comida rápida y después te preguntarás por qué tus abdominales te dijeron adiós y se fueron para no volver. Tu tableta de chocolate se te ha derretido. Si coges 5 kilos más, te hacen descuento de grupo. Te pones un jersey azul y *Google Maps* te reconoce como una piscina. Que tienes menos cuello que una lata de *Coca-Cola*.

— « ¿Los pelos y la barba? A ver, yo antes me cortaba el pelo cada 15 días y me afeitaba dos veces por semana, pero ¡es que me da una pereza! Además, ahora se lleva este rollito de macho alfa despreocupado».

Amigo, entre los malos pelos, la barba descuidada y las uñas que me llevas, cada vez te pareces más a *Lobezno,* pero a un Lobezno que ha caído en la droga. Como si llevara 3 años con depresión. Si te peinas, el pelo tiene un pase, pero es que la barba la tienes llena de parches. Tres pelos largos por aquí, cuatro más por allá. En lugar de una barba, eso parece una parcela abandonada.

— «¿Salir a cenar o a tomar copas? Uffff prefiero la triple P: Pijamita, Pizza y Peli».

Mira, eso no te lo voy a rebatir porque me parece un auténtico planazo.

Espero no haberme pasado y no haber sido demasiado duro con mi amigo, pero es que alguien tenía que decírselo.

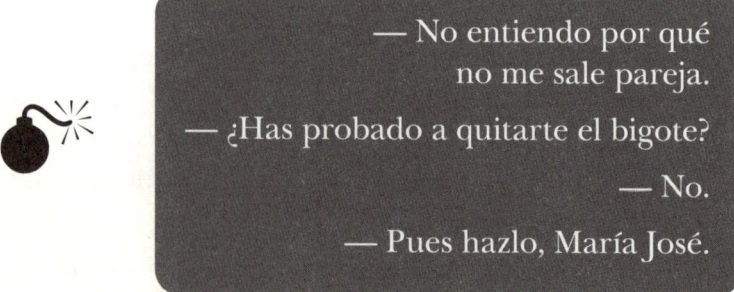

— No entiendo por qué no me sale pareja.
— ¿Has probado a quitarte el bigote?
— No.
— Pues hazlo, María José.

Pero el principal culpable de que nos choquemos de bruces contra una realidad que no esperábamos vivir porque no éramos conscientes de su existencia, no me cabe la menor duda que es el cine. Televisión, películas, series… Nos pintan una vida irreal y sobreactuada y más falsa que un billete de 30€. Cosas que no harás o no te pasarán en toda tu vida las estás viendo desde bien pequeño y tu subconsciente las registra y las guarda en el disco duro. Nadie canta una serenata bajo el balcón de su amada y abrigado por un manto de estrellas, y si alguien piensa hacerlo en la vida real que se lleve preparado un chubasquero porque probablemente algún vecino le arroje un cubo de agua. En las películas siempre consiguen aparcar su coche en la mismísima puerta del restaurante, aunque sea en el mismísimo centro de Manhattan, pero la realidad es que normalmente tenemos que aparcar bien lejos, enfadarte con otro coche porque te ha quitado un sitio que habías visto tú antes, frustrarte porque pensabas que habías encontrado un hueco libre y lo que realmente era un coche pequeño que no asomaba y a veces llegas al restaurante cabreado y con dolor de pies de tanto andar.

Siempre me ha llamado mucho la atención cómo se despiertan por la mañana los protagonistas de las películas. ¡Qué barbaridad! ¡Qué fuerza, qué ímpetu, qué ganas de comerse el mundo! Parece que mientras dormían estaban enchufados a una batería de 70 amperios.

Vamos a hacer una comparativa con la vida real.

DIFERENCIAS ENTRE EL DESPERTAR MAÑANERO EN LAS PELÍCULAS Y MI DESPERTAR MAÑANERO EN LA REALIDAD

Le suena el despertador bien temprano, a las 06:30h. Da un salto de la cama con energía superlativa, abre con efusividad las cortinas de la ventana, el sol radiante entra con fuerza, respira bien hondo y grita enérgicamente: «¡buenos días mundo!»

Suena el despertador en el móvil, lo pospongo 5 minutos e intento aferrarme a ese último ratito de sueño. Suena de nuevo, lo pospongo otros 5 minutos. Suena otra vez y ya no lo pospongo más porque mi mujer me da un codazo en las costillas y me dice con un balbuceo enojado: «apaga el despertador yaaa». Me levanto al *tran tran,* sin ganas de nada y más muerto que vivo. Abro las cortinas. Está nublado. Pienso en mi interior «buenos días mundo. Qué asco de vida».

Se dirige hacia su pareja, al otro lado de la cama, a la que da un apasionado beso de buenos días. Ella lo recibe con dulzura y hace un romántico sonido «mmmm» como diciendo «Te amo y para nada me importa el grito que acabas de dar en la ventana y que me despiertes con un beso con aliento mañanero».

Sonámbulo, me calzo las babuchas del «Pato Donald» que me regalaron en el amigo invisible de estas navidades. Si fuera descalzo hasta la cocina en 3 minutos tendría los pies negros y la velilla de mocos colgando de la nariz por el frío del suelo. Tengo el aliento de un galápago con una endodoncia recién hecha. Me acerco a darle un beso a mi mujer, pero ella me ignora y se gira.

Va a la cocina en pijama y caminando totalmente descalzo, le prepara el desayuno premium a su mujer (café con leche, huevos revueltos, unas galletas recién horneadas y un zumo de naranja natural), y se lo lleva en una bandeja a la habitación donde ella le espera ya sentada en la cama, con la espalda apoyada en el cabecero y con un hambre voraz.

Me preparo un café bien cargado, a ver si me espabila un poco, y una galletita María de paquete para mojar. Por supuesto, no le llevo el desayuno a la cama por varias razones: 1. Seguro sigue dormida. 2. Aunque estuviera despierta no hay quien tenga apetito 2 minutos después de despegar los párpados como para comerse un revuelto, unas galletas y tomarse un café y un zumo. 3. Existe una alta, altísima probabilidad de manchar las sábanas y recién levantado no tengo ganas de ponerme a cambiarlas, la verdad.

Se ducha. Se lava los dientes frente a un espejo enorme y tapado únicamente por una toalla blanca por la cintura mostrando sus bien cincelados abdominales. Entra en el vestidor, se viste con una ropa maravillosa de diseño y se marcha diciendo con voz solemne: «Vamos a comernos el miércoles».

Me ducho. Me pica el cuerpo por la cal del agua. Me lavo los dientes frente al espejo lleno de vaho. Lo limpio con la mano (dejará la marca). Cojo el pantalón vaquero y la camiseta que dejé sobre una silla el día anterior. Huelo la camiseta por las axilas. No huele mal del todo. Me la pongo hoy también. Me marcho diciendo: «Joder, todavía miércoles. Qué ganas tengo que llegue el fin de semana».

— ¿Cariño, de lo que yo te hago, qué es lo que más te gusta?

— El desayuno.

Por supuesto, no me gustaría pasar a otro capítulo sin haber hablado, al menos un poco, sobre uno de los temas más glamurosos y sofisticados de la vida: los temas escatológicos (ya adelanté que este monólogo iba a estar bien cargadito de tópicos. El que avisa no es traidor). Uno de mis temas favoritos. Por mi experiencia haciendo espectáculos en directo durante 18 años, puedo decir que a la inmensa mayoría de la gente le hace gracia este tema o les resulta al menos simpático. Puede que en un principio haya quien se ruborice, quien ponga caras raras y se muestre a la defensiva, pero normalmente el 99% de la gente entra por el aro y se lo pasa de lujo hablando o escuchando hablar sobre cstos temas. Por muy estirado que seas y muchos remilgos tengas, acabarás partiéndote el ojete e incluso viéndote reconocido. Por ello coloco aquí un cartelón bien grande para que se vea:

¡¡ATENCIÓN!! PARTE DEL MONÓLOGO CON SU MIJITA DE ESCATOLOGÍA

Pedos. Con respecto a este tema existen diferentes maneras de enfocarlo cuando estás en pareja. Algunos pocos, en un porcentaje muy pequeño, se aventuran a lanzar su primera flatulencia nada más conocer a su nueva pareja. PRRRR. Ahí lo llevas, cariño. Como si fuera su carta de presentación. Es como si le estuviera diciendo a la otra persona: «Mira, no quiero engañarte ni andarme

por las ramas, éste soy yo. ¿Lo tomas o lo dejas?».
Personalmente, nunca me he visto en esa situación,
pero supongo que, si la otra persona no huye des-
pavorida ipso facto tras recibir dicha presentación,
ahí hay amor del bueno. En el otro extremo están
los que se aguantan su primer pedo durante mucho
tiempo. Pasan semanas, meses, ¡años! y aún no se
han atrevido a dar el paso de soltar el gas frente a
su pareja. Pero pasa una cosa: eso está ahí, eso no
se volatiliza y, a veces llama tan fuerte a la puerta
que casi no puedes aguantarte. En estos casos se
aprovecha cualquier espacio o momento de soledad para soltar lastre: en el coche, cuando la otra
persona está en la ducha, etc.

Pero como normalmente actuamos la mayoría de
las personas es siguiendo un patrón secuencial. Me
explico. Al principio eres más comedido y no sueles soltar gases cuando estás junto a tu pareja porque no quieres que piense que eres un ceporro, que
eres un animal de bellotas. Cuando pasa ya algún
tiempo te los tiras, pero que sean más bien flojitos y
si puede ser que no huelan. Como diciendo «Uy, se
me ha caído. A cualquiera le pasa». Más adelante,
si huelen o suenan, ¿qué quieres que te diga?, mala
suerte. Por último, cuanto más huelan y más sue-
nen, mejor. Incluso aprietas y te esfuerzas para con-
seguirlo. Ya lo único que te faltaría, y esto sería llegar a un nivel top, es hacerle la clásica broma de
«tira del dedo». Un cóctel maravilloso de amor y
humor.

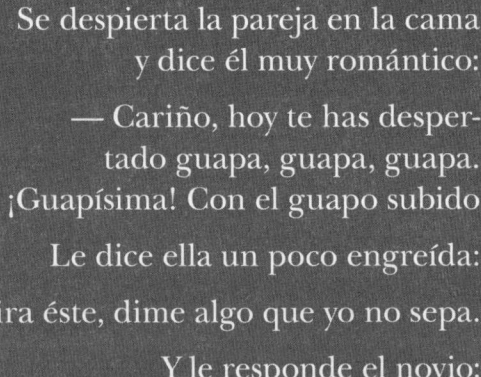

> Se despierta la pareja en la cama
> y dice él muy romántico:
> — Cariño, hoy te has desper-
> tado guapa, guapa, guapa.
> ¡Guapísima! Con el guapo subido
> Le dice ella un poco engreída:
> — Mira éste, dime algo que yo no sepa.
> Y le responde el novio:
> — Aparcar en batería.

Cuando llevas algún tiempo en pareja, si se puede y las circunstancias lo permiten, se suele dar el paso de ir a vivir juntos. Eso es algo bastante común en estos tiempos que corren. Cuando lleváis ya algún tiempo conviviendo se empieza a escuchar un cierto *run run* a tu alrededor que te persigue allá donde vayas. Es como una cancioncilla que llevas instalada en la memoria y que no te puedes quitar de encima: «Y la boda ¿pa cuándo?», «Venga, casaros, que queremos fiesta», «¿Todavía no os habéis casado? Qué fuerte», «Pues mi boda fue el día más feliz de mi vida». Pero claro, tú sabes como todos sabemos que las bodas son el principal motivo de divorcio. Y además todo lo que suene a boda es muyyyyy caro.

Cuando te casas, sigue acompañándote el *run run* pero ha sufrido cierta metamorfosis: «Y los niños ¿pa cuándo?», «Yo que vosotros me daría prisa, que se os pasa el arroz», «Venga tío, espabila, vas a tener que mandar a tus soldaditos a la guerra». A ver, hay quien te lo dice de buena fe y con la mejor de las intenciones, pero es que también existen otros que te lo repiten una y otra vez y lo que están intentando expresar entrelíneas es: «venga, tened un bebé ya, que se os van a quitar esas ganas de salir a cenar todos los días y esa sonrisita de la cara que lleváis. Os vais a enterar como el niño salga llorón y tengáis que estar un año entero sin poder dormir dos horas seguidas, vayáis zombis por la vida y que os lleguen las ojeras hasta las plantas de los pies».

A veces, la gente de fuera no es consciente de que algunas parejas tienen ciertos problemas y les cuesta fecundar por diversos motivos y te lo sueltan muy a la ligera: «¡Venga!, ¡niños al mundo!». Una vez le escuché a un amigo la respuesta más brillante que se le podía dar a la irreverencia de una señora tan mayor como cotilla que le sacó el tema haciéndose la chistosa:

— Oye, fulanito (no pondré el nombre de mi amigo), ¿Cuándo pensáis tener niños? Que ya no sois tan jóvenes. Yo con vuestra edad ya tenía 3 hijos. Vas a tener que mandar a tus soldaditos a la guerra.

— Señora, lo que usted no sabe es que mis soldaditos se han hecho objetores de conciencia.

¡¡BOOOOOMM!!

No sé si la mujer lo entendió, pero lo cierto es que se calló, agachó su cabecita y se volvió por donde vino. ¡Zas, en toda la boca!

* * *

Hace ya algunos años alguien me habló del tarro del amor. Me soltó esta perla de sabiduría: «Coge un tarro de cristal grande y cada vez que hagas el amor, echas un garbanzo dentro. Cuando te cases haz justamente lo contrario: cada vez que hagas el amor, sacas un garbanzo de ese tarro. Te aseguro que cuando te llegue tu hora y te vayas para el hoyo, no has sido capaz de vaciar completamente el tarro. Te quedan garbanzos para preparar un potaje para toda la familia». Yo era joven, fuerte, tenaz, con ganas de comerme el mundo y pensé que ese carcamal lo que intentaba era intimidarme, amedrentarme, bajarme los humos, reírse de mí. ¡Cuán equivocado estaba! Me estaba dando una lección de vida y yo sin darme cuenta. Estaba señalando la luna y yo le estaba mirando el dedo.

Hace bien poco le conté esto a un amigo bastante mayor que yo y que lleva felizmente casado con su mujer más 25 de años. Pensé que iba a rebatirme esa teoría o que quizá se iba a poner a la defensiva. Pero no, todo lo contrario. Me dio completamente la razón y tirando de ironía empezó a hacer sorna sobre su actual vida sexual, demostrándome tener un sentido del humor enormemente desarrollado. Al principio me despistó y puso cara de poker. Me dijo que él no estaba dispuesto a hablar sobre su vida sexual ni conmigo ni con nadie porque le parecía algo muy íntimo y hacerlo sería una falta de respeto hacia él mismo y hacia su pareja: «Lo siento tío, yo sobre mi vida sexual no hablo con nadie». Me vine abajo un poco: «perdona, ¿por respeto a vuestra intimidad?». Y me dice ya con una sonrisa en la cara: «Nooooo, que no hablo con nadie de mi vida sexual por falta de contenido. Que tengo poco que contar». Carcajada mutua. Ya empezó a decir que si está a dos velas, que ya veré cuando llegue a su edad, que si cuando era joven llenó tanto el tarro que ya no es capaz de vaciarlo. Y terminó diciéndome una frase que me hizo tanta gracia que años después sigo recordándola y sigo riéndome: «hace tanto tiempo que no hago el amor, que el otro día estuve en el urólogo, me hizo un estudio y vio que a uno de mis espermatozoides llevaba puesto el traje de la primera comunión».

* * *

Y podría seguir contando cosas sobre las parejas y tú, aquí, leyéndome hasta mañana como si no tuvieras nada más que hacer en tu vida. Porque son miles las situaciones de las que te podría hablar. Incluso a ti seguramente se te están ocurriendo otras tantas conforme vas leyendo. El «tú sabrás», el «haz lo que quieras, que a mí no me importa», la negociación por qué película ver para quedarse dormido en los créditos del principio, el «friegas tú la cena que yo fregué el almuerzo», el «repite la foto, que no me gusta mi cara», los pies fríos como *Calipo de Lima Limón* contra tu espalda en la cama, el rosario de repartidores que llegan a casa casi a diario a entregar paquetes con compras online de las que ya ni te acordabas...

Al fin y al cabo, simplificándolo un poco, se podría decir que las parejas son como esas películas de los sábados y domingos por la tarde: a veces son predecibles, otras veces son ridículas, pero siempre tienen un toque especial de entretenimiento que nos hace reír y hasta reflexionar. Así que, si tienes a alguien con quien compartir estas locuras, considera que tienes tu propia comedia romántica en curso. ¡A disfrutar del espectáculo, amigo!

BODAS. HASTA QUE LA MUERTE NOS SEPARE

¡¡VIVAN LOS NOVIOS!!

Ese es el grito de guerra en las bodas con el que todo el mundo aúna sus fuerzas, sus voluntades y sus ganas de disfrutar la tarde o la noche.

Pero, a veces, en las bodas no es oro todo lo que reluce. Normalmente todo es muy glamuroso y lujoso pero la excepción confirma la regla. Tengo un amigo, del que jamás revelaré su nombre así me amenazasen, torturasen o emborrachasen a base de cerveza barata, que para el día de su boda llevaba puestos sus «calzoncilllos de la suerte» con los que se sentía más seguro. Suena muy romántico o melancólico, pero, conociendo el estado en el que se encontraban dichos calzones, te puedo asegurar que nada de eso. Para no herir sensibilidades ni levantarle el estómago a nadie por si ha comido hace poco rato, diré que tenían más agujeros que un queso suizo después de un tiroteo y que el *Son Goku Super Saiyan* de la serie *Dragon Ball* que llevaba dibujado hacía algunos años había decidido que el rubio platino estaba pasado de moda, y parecía que había ido a la peluquería para echarse un tinte color caoba.

Pero como dijo el carnicero de mi pueblo: «vamos por partes». De todos es sabido que el matrimonio es la primera causa de divorcio y esto segundo, por lo que se ve, está muy de moda. Pero cuando alguien se casa normalmente va superenamorado/a, ha encontrado al hombre o a la mujer de su vida, que no tiene fallos, cuyas pequeñas imperfecciones le parecen deliciosas. Todas las parejas cuando llevan poco tiempo juntas y están en la fase de «las maripositas en el estómago» se ponen apodos cariñosos: gordito, gordita, feíto, feíta, chatín, chatina, cariñín, galletita, mi cucuruchito, mi bombossito, mi osito peludito, mi bebito fiu fiu… Pero cuando corren algunos años y ya pasas a la fase de «siempre soy yo el que tiene que tirar la basura» o «ya me dijo mi madre que no me casara», los apodos cambian de manera radical y pasan a ser: bruja, pringado, lagarta, becerro, mala víbora… pero se siguen queriendo… creo.

* * *

Normalmente la gente se casa por la iglesia o por una ceremonia civil. Son las tendencias más comunes. Aunque el padre de un amigo me dijo que se casó «por lo criminal». Al principio creí que, en lugar de alianzas, lo que llevaban puestas eran unas esposas. Me costó, pero con el tiempo logré entenderlo. Son parecidas, pero existen alguna diferencia entre ellas.

> Y dijo el cura: «Quieres a esta mujer como esposa en la salud y en la enfermedad, en la alegría y en la tristeza, en la riqueza y en la pobreza». El tipo creía que eran preguntas de tipo test y responde: «Sí, no; sí, no; sí y no».

Para empezar, hay que decir que en las bodas religiosas te casa un sacerdote, un cura, un señor que, aunque lleva años formándose para este tipo de eventos, la mitad del trabajo la delega en los monaguillos, unos chavalillos imberbes con cara de traviesos y que normalmente están ahí porque les permiten tocar las campanas y así sus padres los tienen entretenidos todos los domingos. En favor de estas ceremonias, he de decir que tienen el detalle de darte una galleta y un traguito de vino que, quieras o no, se agradece si tienes el estómago vacío. Es como un *brunch* divino.

En cambio, las bodas civiles las dirigen cualquiera. Me explico. La gente, normalmente, firma los documentos oficiales en el ayuntamiento o en el juzgado, pero, aunque legalmente están casados, se suele hacer la ceremonia con todos sus invitados en algún lugar bonito, elegante e incluso bucólico (no sé qué significa esta palabra, pero pensé que quedaría bien), y el maestro de ceremonias suele ser un amigo sin miedo escénico, un primo sin miedo al ridículo y, a veces, un oficiante profesional como el que aquí os escribe. En las bodas civiles he podido ver cosas tan extravagantes como que un perro traiga los anillos atados en el lomo y se marche corriendo carretera abajo antes de realizar su entrega, que de pronto aparezca una chirigota contratada por los amigos y les cante a los novios un cuplé de carnaval contando con pelos y señales las trastadas que hicieron en la despedida de soltero, o que los novios lleguen vestidos de superhéroes para sorpresa de los invitados. Batman y Catwoman. Jamás olvidaré la cara de sus padres cuando los vieron salir con sus disfraces de aquel Ford Fiesta serigrafiado con la palabra «Batmóvil».

Sea como fuere, creo que debería estar estipulado por ley, bajo fianza, grabado a fuego y con pacto de sangre, sudor y saliva que los contrayentes, una vez casados, o como mucho pocos días después, cambien definitivamente su estado civil en las redes sociales. Pasar de «Solter@» a «Casad@». Aunque me gustaría proponerle a Mark Zuckerberg y compañía que pusieran como opción alternativa algo así: «Felizmente casad@, que hay mucho lagart@ suelto por ahí. Y tú, que sabes bien quién eres, no me escribas más ni me llames porque ya he firmado los papeles del matrimonio y el divorcio sale por un ojo de la cara. Además, mi cuñado con la amabilidad que le caracteriza me ha dejado bien clarito que, si tengo un desliz, por muy pequeño que sea, me perseguirá allá donde esté, me empaquetará, me embalará y me enviará por servicio de paquetería urgente al Triangulo de las Bermudas para que no me encuentren en varios siglos».

* * *

Dicen que de una boda sale otra boda y eso debe ser porque la gente va extraordinariamente bella para la ocasión. Aplauso enorme a los profesionales de la peluquería, maquillaje, diseño, chapa y puntura, etc. Sois capaces de hacer auténticos milagros. Hasta tu prima Mari Carmen que es más fea que el pie de otro, que tiene la cara de orco cantando un fandango de Huelva, que no ha tenido novio en su vida porque no ha habido quien se atreva a acercarse a semejante bicharraco, porque mejor hay que mirarla de noche y con la luz apagada, que no le hinca el diente ni «Tiburón 3» y que de pequeña su madre no le daba el pecho porque decía que sólo la quería como amiga; es posible que ese día conozca a alguien especial y tengan un romance. Ya es otro tema lo que pasará al día siguiente cuando su ligue la vea sin el traje de diseño, sin la faja, sin la capa de 3 dedos de maquillaje y despeinada.

Y es que en las bodas la gente va la mar de guapa. Los hombres van como pinceles con sus trajes comprados para la ocasión, su camisa impoluta y su corbata o pajarita. Bueno, me refiero a la mayoría de los hombres, porque puedes encontrarte con especímenes, como mi primo Fernando, que a todas las bodas lleva puesto el traje de su propio enlace de hace más de 20 años en el que pesaba 15 kilos más, por lo que el traje le queda claramente grande que parece un vendedor de máquinas de coser venido a menos. Es como el día de la marmota, que se repite y se repite y se repite: sea el año que sea, él siempre lleva el mismo traje. «Oyeeee, que este traje es bueno. Me costó 60.000 pesetas de las de antes. Toca, toca la tela».

Las mujeres aun van mucho mejor que los hombres. Con unos trajes sensacionales, peinados maravillosos, maquillajes de película. También debo decir que algunas chicas parece que no saben ponerle límites al maquillaje y llevan tantas capas que hasta al propio *Joker* le parecería excesivo. Y si la boda es de día, las mujeres llevarán puesto un sombrerito o una pamela. Me parecen unos complementos la mar de elegantes, pero, al igual que el maquillaje, lo poco agrada y lo mucho empalaga y tampoco conviene pasarse, que hay alguna que en lugar de llevar una pamela en la cabeza parece que lleva una paellera de 50 raciones. Parece que le ha robado la antena parabólica a la comunidad de vecinos. Es como si quisiera decirnos «voy a darle sombra a mí y a toda mi familia».

Pero ¿qué pasa si dos personas coinciden en la misma boda con el mismo traje o el mismo complemento? ¡TCHAN TCHAN! Aquí podemos diferenciar entre la actitud de los hombres y la actitud de las mujeres. Si dos hombres coinciden espacio-temporalmente con la misma corbata, misma pajarita o mismo traje, se genera una sinergia especial entre ellos, una especie de conexión cósmica y a partir de ese momento esos dos hombres no serán simplemente amigos, no, a partir de ese momento esos dos hombres serán hermanos. «Somos el Dúo Dinámico del siglo XXI». Aunque no se conozcan celebrarán la coincidencia, se abrazarán, llamarán a familiares, amigos y hasta al panadero de su pueblo para que sean fieles testigos de este hito, e incluso se fotografiarán desde todos los ángulos posibles para que quede eterna constancia en las redes sociales. Es muy probable que esa noche acaben los dos juntos, borrachos, cantando el «15 años tiene mi amor» y diciéndose el uno al otro: «tío, tienes un increíble gusto para vestir».

Pero ¡ay! si la coincidencia se da entre dos mujeres. Una recomendación: si eso sucede y tienes el infortunio de estar en las proximidades, trata con todas tus fuerzas de irte bien lejos y que no te pille la onda expansiva. ¡Corre, Forest, corre! Corre, huye, escapa, desaparece. Si una mujer ve a otra con el mismo traje, los mismos complementos y los mismos zapatos de tacón (lo han comprado todo en la misma tienda), automáticamente le dirá escandalizada a su pareja o acompañante la siguiente frase: «¡¡Mira - esa - tiparraca!!». Si tú eres su pareja o acompañante, la vida tal y como la conoces está en peligro. Si ya te ha pillado el tsunami y no tienes escapatoria te recomiendo que le quites hierro al asunto, que cambies de tema, aunque todos sabemos que será imposible porque inevitablemente te va a hacer esa pregunta trampa con la que te jugarás el tipo: «¿A quién le queda mejor el traje? ¿A ella o a mí?». Es posible que en tu interior sientas una luz roja giratoria y un cartel luminoso que ponga «*Danger, danger*». En ese momento no importa tu criterio, no importa lo que opines. Eso es totalmente secundario. En ese momento, si quieres sobrevivir, tienes que responder literalmente esta frase, sin sobreactuar y sin mover ni una letra: «A ti te queda mucho mejor, ¡dónde va a parar!». Y déjalo ahí, no añadas ni una coma, no hables, no respires. Cualquier comentario extra que realices podrá ser utilizado en tu contra. Cuando entre ambas mujeres crucen sus miradas sonará la sintonía de la película de western «El bueno, el feo y el malo». Si tuvieran un revolver en el cinturón, tendrían un duelo al sol. Solo puede quedar una.

— Cariño, quiero estar contigo el resto de mi vida.

— Oye, a mí no me amenaces, ehh.

Pero lo que más le gusta a todo el mundo no es la ceremonia, si no ¡el banquete!

En el banquete de una boda es donde puedes ver la personalidad real de cada cual, para bien o para mal. Encontrarás personajes de todo tipo. Como, por ejemplo:

— *El que está a dieta:* jura y perjura que está a dieta, que sigue un régimen estricto bajo en grasas y alto en carbohidratos. Pero mira qué casualidad, hoy que es el día de la boda de su mejor amigo se va a tomar un descanso y se va a dar la gozada de comer todo lo que quiera. Eso significa que esa criaturita que lleva semanas comiendo pollo a la plancha, arroz hervido y muesli sabor cartón, hoy va a devorar absolutamente todo lo que le pongan por delante: queso, jamón, chacinas, marisco, carne, un cochino empanado, etc. ¡Todo! Y si dejas algo en tu plato, te pregunta: ¿no te vas a comer eso?

— *El borrachuzo:* El que cuando están sirviendo los aperitivos del comienzo ya está más «agustito que el de Ketama» pero a la hora de las copas se le va acabando la fuerza y se queda sólo con dos rayitas de batería. Con este individuo hay que tener cierto cuidado porque a la mínima te tira media copa de vino tinto en tu camisa blanca impoluta. Podremos reconocerlo porque él será el primero en ponerse la corbata en la cabeza y se mostrará excesivamente insistente con los demás para que hagan lo mismo. Ese día su dignidad ha pasado a un segundo plano... o tercero.

— *El bailarín:* este espécimen suele ir de menos a más. Comienza suave con las primeras canciones: moviendo un poco el cuello y cabeza. Luego se relaja y empieza a mover los hombros y las caderas: atrevido, pero sin arriesgar. Y ya finalmente, con alguna copa entre pecho y espalda que le hace sentir poderoso y creerse el mismísimo Chayanne, despliega los bailes prohibidos: el gusano, el twerking espasmótico, el *Moonwalk* de marca blanca y hasta el perreo con la madrina de la boda.

— *El primo que se ha transformado en Conan:* quien no tiene un primo al que viste por última vez hace tiempo, cuando tenía 15 años con la voz de pito, la cara llena de granos y pesaba menos que un ave fría. Por aquellos entonces, lo que tu recordabas de él, estaba en el chasis y tenía menos carnes que el tobillo de un canario. Pero resulta que ahora es un bigardo de 195 centímetros, pelo y barba de vikingo y una musculatura que te da la mano y te carga el teléfono móvil, que te echa el brazo encima y te teletransporta con tus antepasados. Está más fuerte que una tortilla de caramelos de menta.

— *Tu tía la jartible:* tu tía Paqui, o Manoli, o Carmeluchi (parece que si acaba en «i» tiene más empaque). Esta mujer está deseando cogerte para comerte a besos, dejarte el olor a su perfume «cachuli» que compra en botes de 1 litro y hablarte de todos los temas que se le vengan a la cabeza: de cuando tú eras pequeño y eras muy malo para comer, de cuando ella trabajaba en la cocina de un restaurante, del clima... ¡De todo! Se puede decir, sin miedo a fallar, que esta mujer es más pesada que el que mató a un cochino a besos. Ahhh y para rematar la jugada, en la barra libre intentará que bailes con ella y si es agarradito, mucho mejor.

— *El ligón:* él lo intenta con una chica, vuelve a intentarlo con otra, lo intenta con las amigas de la novia, lo intenta hasta con su prima soltera a la que hace años que no ve. Normalmente cumple con las siguientes características: hombre soltero, ebrio, no muy agraciado físicamente y de una edad considerable (por no decir que tiene más años que un bosque, que se le ha pasado la garantía y que ya le ha dado la vuelta al jamón y le toca ya la parte dura). Usará constantemente su frase «infalible»: «Muchacha, ¿quieres un novio feo para que no te lo quiten?»

Y muchos más que para no alargarme simplemente nombro: el chistoso, los que son padres y que han dejado a sus hijos con los abuelos y aprovechan su «libertad» para coger una cogorza de campeonato, los que son padres y que han dejado a sus hijos con los abuelos y están deseando volver a casa porque piensan firmemente que sus peques les necesitan, el que se cree el fotógrafo de la boda, el señor mayor que se descubre como un gran bailarín, el adicto al azúcar que no se separa de la mesa de golosinas y dulces, la chica soltera de escultural figura con el vestido más brillante y el peinado más espectacular a la que todos no pueden dejar de mirar, el que no conoce a nadie; y por último, el que grita 175 veces «¡¡Vivan los novios!!» (si este te toca a tu lado, te da el día).

En el banquete de boda, comúnmente, nos hartamos de comer y de beber, pero llegados a cierto punto hay quien ya está cansado de estar sentado y de ver las mismas caras de los que están en su mesa. Podremos reconocerlo porque es el primero que dice: «Ya lo que va tocando es una copita».

Al hijo le asaltan las dudas el día antes de su boda y le pregunta a su padre: «Papá, ¿qué es el amor?»

El padre, poéticamente le responde: «Hijo, el amor es la luz que ilumina tu alma. El amor es la luz que ilumina tu corazón. El amor es la luz que ilumina tu ser. El amor es la LUZ DE LA VIDA»

Y le pregunta el hijo: «¿Y el matrimonio?»

Y responde el padre: «La factura de la luz».

Y llega la barra libre y la fiesta se desmadra. La fiesta está oficialmente ¡fuera de control! Todo lo sucedido anteriormente forma parte de un pasado que parece lejano y la gente empieza a hacer cosas que desafían todas las leyes de la cordura. En la barra libre podrás ver a tu tía Pepi, una señora de 70 y pico años, fumándose un puro habano a pleno pulmón y gritando con acento cubano «¡Viva la Rebolusión!». En cuanto ella se dé cuenta de que la estás mirando querrá ofrecerte unas caladas «Fuma, camarada». Un consejo: huye inmediatamente de ahí porque lo siguiente será que bailes un pasodoble con ella, bien agarraditos.

El DJ empezará a desplegar todo su repertorio en el que combina música de antes de ayer y hoy, canciones modernas y actuales con canciones de cuando mi abuelo era soldado raso. Es curioso ver como algunos «modernitos» reniegan constantemente de las canciones que tienen varios años y, de primera mano, se resisten a bailar como el que se ha puesto en huelga reclamando su derecho a escuchar música actual, pero ¿quién se resiste a canciones tan pegadizas como «Paquito el Chocolatero» o «La Barbacoa»? Por mi parte, es imposible que estén sonando y yo pueda aguantar sentado en una silla. Es escuchar la canción «El Venao» y levantarme como un resorte porque esas canciones se te agarran a los hombros, bajan por el estómago, caderas y piernas y al final acabas haciendo el ridículo colectivamente como si fueseis «la secta de la música ochentera».

Por su parte, los niños que aún quedan están en modo turbo, correteando y bailando todas las canciones que conocen gracias a Youtube y Tiktok. Que si les ponen una canción de la temporada anterior su veredicto es implacable: «¡Esa canción es vieja!». Yo con su edad, mientras que mis padres estaban en la barra libre, mi padre con un cubata de ron y cocacola en vaso de tubo y mi madre con una copa de Baileys, bailando «El tiburón se la llevó, el tiburón», me acostaban en dos sillas juntas y tapado con la chaqueta del traje de mi padre y me dormía en cualquier sitio. Y cuando digo cualquier sitio me refiero a que podía ser en una esquina alejado o junto a un altavoz a 120 decibelios.

Creo que, si en ese momento los extraterrestres nos invadieran, nos mirarían y se volverían de inmediato a su planeta: «misión fallida».

* * *

Pero todo lo que empieza, acaba. El DJ, como si fuera un político en campaña, agradece a todos su presencia y dice que nos quiere mucho, que ha sido la mejor boda a la que ha tenido el honor de animar desde hace mucho tiempo y que hemos sido el mejor público posible. Aunque, en el rincón más oscuro de su corazón, lo que realmente le gustaría decirnos es: «adiós gente asquerosamente cansina, iros ya a vuestras putas casas que yo estoy reventado y todavía me queda desmontar, meter las cosas en la furgoneta, llegar al almacén y descargarlo todo, mientras que vosotros os vais a ir a dormir la mona o a comeros unos churros con chocolate o una tostada de zurrapa de lomo». Y como toda persona que trabaja de cara al público terminará pensado: «Odio a la gente».

Las luces se encienden y se puede ver como todos han perdido la elegancia, el glamour y la sobriedad que mostraban hace unas horas. El novio lleva la camisa por fuera y la corbata manchada de algo viscoso que nadie quiere saber qué es, la novia lleva los bajos de su blanco traje más negros que el sobaco de Kunta Kinte, un amigo al que invitaron por compromiso está vomitando en una maceta y siempre hay un primo más marchoso y extremadamente borracho que dice: «Vamos a buscar alguna discoteca que quede abierta», aunque lo que realmente se le entiende es: «brjms pr vrujk hgrtuna prijtoket je jede jabrita». Ese primo ha bebido tanto alcohol, que, si te tose, te desinfecta. Es el primo al que todos le llaman «El filo de sartén», porque «sólo sirve para romper los huevos».

Pero a pesar de todo lo sucedido, ya sabéis: una boda es para siempre… o no.

¡¡VIVAN LOS NOVIOS!!

ME ESTOY
HACIENDO MAYOR

«*La juventud es una enfermedad que se cura con los años*». Esta recordada frase la dijo George Bernard Shaw un escritor irlandés que vivió nada menos que hasta los 94 tacos y me juego los dedos chicos de las manos que cuando la dijo, el bueno de George coleccionaba ya una buena pila de años. George ya no era un chavea. O sea, que cuando este hombre dijo eso ya peinaba canas o, al menos, se dejaba los pelos en el peine. Ya le dolía las rodillas por las mañanas y le decía a sus nietos: «eso es que va a llover». No sé si me explico con claridad.

Dudo que, como escritor, vaya yo a dejar frases de tal calado y que queden para la posteridad como hizo George Bernard Shaw, pero a mis 40 palos puedo decir, y me autocito como si yo fuera una auténtica eminencia intelectual y un pozo de sabiduría al que acudir: (me aclaro la voz) «*La juventud se atesora hasta que un niño te llama señora*». Ahí queda eso.

* * *

Como digo, Los 40 años han caído sobre mí casi sin darme cuenta (pero ¿cómo he llegado hasta aquí?) y no es que me sienta un señor mayor que se levanta cada mañana con la única motivación de ir a ver obras o a echarle de comer miguitas de pan a las palomas, pero es que cada vez veo más lejos mi infancia, de hecho, tengo serias lagunas en la memoria, sobre todo de mi época adolescente y postadolescente. Aunque pensándolo bien eso puede deberse al abuso del whisky de garrafón. Pero ese ya es otro tema.

Pero ¿cuándo tienes que empezar a reconocer que ya no estás dentro del grupo social de los jóvenes? Hay quien se resiste a hacerlo y están constantemente rozando el ridículo teniendo una actitud y un comportamiento que sonrojarían hasta a su propia abuelita. Créanme, hay señores que se tintan el pelo con mechas rubias para parecerse a David Beckham o Maluma y a lo que se parecen es al galgo bardino de mi vecino. Hay señores que usan pantalones taaaaan ajustados y con los tobillitos al aire que más bien parecen un gorrión (piernas delgadas, cuerpo gordo). Deberían ser portada de alguna revista de moda con el titular: «Respétate a ti mismo, no lo hagas».

¡Cuidadito con esa gente, en serio!

* * *

Hay quien se toma por las mañanas un Actimel y dice muy satisfecho: «Mmmm, esto es lo que me da fuerza para todo el día». Y de repente se convierte en narrador de un anuncio de televisión: «10 millones de L Casei Imunitas con sus armaduras, con sus espadas y con sus cascos, dándome toda la energía y preparados para la guerra del día a día». A ver, Manolito, ¿tú qué te crees que eres el mismísimo Caballo de Troya que llevas a todos los soldados por dentro? Ahhh, y otra cosita, no te hagas el interesante usando palabrería técnica, Manuel, que no eres biólogo, eres peón de albañil y te has criado debajo de una mata de tomates.

También está aquel o aquella que se toma todos los días su pequeño tarrito de un extraño «bibitrajo» que mezcla frutas, cereales y fibra de un sabor bastante mejorable que ha visto en la televisión y que sirve para combatir el colesterol. Se lo termina, le chuperretea el borde y te dice muy seguro de sí mismo: «con el colesterol no me la juego, poca broma». Pero lo peor no es que ponga esa cara de interesante que te entran ganas de darle con la mano abierta y chocarlo, lo peor de todo es que mientras que está diciendo «poca broma» se da dos golpes suaves en la sien con el dedo índice como dando a entender que es una persona que utiliza mucho el coco. Churra, si quieres bajar el colesterol no te «jinques» en el desayuno dos croissants bien cargados de Nutella y un batido de fresa con nata. Eso no es combatir el colesterol, eso es declararle la guerra a tu cintura.

Y por supuesto que entiendo que mires por tu salud. Todos deberíamos de hacerlo. Cuando eres joven te comes el mundo, pero es que te lo comes de forma literal. Comes bollería industrial, fritos, refrescos azucarados, precocinados, embutidos, la comida rápida te pirra (viernes, sábado y, si se tercia, también el domingo. *No problem*), las chucherías y golosinas las coges a puñados y si hace falta te comes una vaca empanada flotando en un océano de mayonesa. ¡¡No pasa nada!! Tu organismo lo asimila y lo quema todo como un papelito en la hoguera de San Juan. Por más que engullas, si tu constitución te lo permite y si eres un canijo como un fideo, seguirás igual.

Muy diferente es cuando llegas a una edad. Ya sabes que engordas con el aire, que bostezas y pillas 300 gramos, y por eso en el desayuno te tomas una menta poleo que es diurética y un poco de pan integral que tiene fibra con una loncha de fiambre de pechuga de pavo sin gluten y sin lactosa. A media mañana una manzana con su piel que es antioxidante. Almuerzas un poco de pescado a la plancha y ensalada. Meriendas dos tortas de maíz inflado extrabajas en calorías y que tienen un sabor a cartón la mar de conseguido. Gracias, señores fabricantes de tortitas de maíz con sabor a cartón por hacernos sentir tan especiales (ironía modo ON). Y ya para la cena, en tu momento de relax después de un largo día, te preparas una pechuguita de pollo a la plancha, por supuesto sin ningún tipo de salsa que le alegre la vida. Y al fin, tras el postre del yogurt 0% calorías que tiene la misma consistencia que el aire, para no volverte rematadamente loco te comes dos oncitas de chocolate con leche que son tu único capricho del día y por las que te sientes totalmente culpable. Bueno, pues, aunque hayas estado todo el día a base de comida sin grasas, sin lactosa, sin gluten, sin aditivos, sin gracia, y pasando más hambre que un caracol en un espejo, esas dos oncitas de chocolate se te aferrarán a tu michelín de la barriga como un koala a una rama de eucalipto y vivirán en ti por el resto de tus días. Tú amas al chocolate y él te ama a ti. Tú te lo comes y él se te agarra con todas sus fuerzas.

UN DÍA ERES JOVEN Y AL OTRO...
te ves en el supermercado
oliendo suavizantes. Y al final
coges el que esté más lleno.

Con respecto al deporte los años se notan. Se notan muchisisisisisisisísimo. Tú crees que sigues estando potente como cuando tenías 20 años y no. La vida te da un golpe de realidad en forma de agujetas. Crees que eres moderno como cuando tenías 20 años y no. Has cambiado en muchas cosas como por ejemplo a la hora de vestir. Antes hacías deporte con las zapatillas heredadas de tu hermano, marca «LaPaca», a las que le quedaban una suela del grosor del plastiquito de un queso de loncha. Llevabas unas calzonas con el elástico totalmente holgón y cedido y que tenías que amarrarte a la cintura con una cuerda. Llevabas camiseta de marca, pero no de marca deportiva sino de una marca de bebida, de comida o del negocio del mecánico de la esquina: «TALLERES MEDINA, tu taller de confianza». Lo que viene a ser de toda la vida una camiseta de propaganda. *Coste total: 0€.*

Ahora que estamos en la época de las redes sociales en la que debemos mostrar lo perfectos que somos, nos hemos vuelto mucho más exquisitos a la hora de vestir. Por no decir medio gilipollas, con perdón. He podido ver a señores de cierta edad, por no decir que tenían más años que Cascorro, haciendo running (lo que es salir a correr de toda la vida) por las calles de la ciudad perfectamente ataviados con:

— Una camiseta técnica hecha con unas fibras especiales y un diseño ajustado y adherente para que el sudor resbale y se evacúe de adentro para afuera y evite el enfriamiento. La camiseta te expulsa el sudor antes de que te des cuenta de que estás sudando. Que no te apriete demasiado pero que no quede muy suelta. La camiseta tiene que ser de un color a poder ser fluorescente y con unos ribetes reflectantes para que se te pueda ver en la distancia, aunque a decir verdad prácticamente se te puede ver desde la estación espacial. Ahora mismo hay un astronauta diciéndole al compañero: Mike, pásame las gafas de sol que no veas como deslumbra la camiseta del tipo ése que va corriendo por la calle. Precio: 35€.

— Unas mayas negras hasta las pantorrillas. Ceñidas. Muy ceñidas. Extremadamente ceñidas. Ceñidas a tal nivel que no le molesta a él, sino que incomoda al que lo mira. Estas mallas oxigenan y ayudan a la circulación sanguínea, combate los dolores musculares y lo más importante: te hacen culito de pitiminí. Precio: 30€.

— Unas zapatillas de colores inverosímiles especiales para correr. A destacar que estas zapatillas tienen nombre y apellidos. Y cuanto más impronunciables, más buenas y más caras son: «*Ultrafire Wire Plus Energy 2*» Con suela de espuma que amortigua el impacto, huella de carbono y cordones de hilo persa. Precio: 130€ (y porque las pillaste en *Black Friday* que si no…).

— A todo esto, sumamos los complementos, que no son pocos: la cinta del pelo para evitar que se le venga el flequillo a los ojitos (10€), calcetines especiales ceñidos que se agarran a ti tanto como un novio nuevo (6€), brazalete deportivo para llevar el móvil (9€), un reloj de muñeca que es un pulsómetro, podómetro, acelerómetro, barómetro, giroscopio, sensor de temperatura corporal... ¡y hasta se puede ver la hora! (100€), muñequera de diseño ergonómico y tecnología 3D (10€)... y más y más y más.

Haciendo números, y siendo buenos se nos puede ir 320€ y lo peor de todo que alguno lo usan una sola vez. Salen a correr, los días posteriores tienen unas agujetas terribles que les hacen arrepentirse de haber nacido y ya no hacen más deporte mientras que se acuerden.

*　*　*

Hay gente que no está preparada mentalmente. Un día se mira en el espejo y ve las *hechuritas* que está echando, se motiva con algún amigo *fit*, se compra todas esas cosas, sale a hacer deporte y al día siguiente se levanta y parece que le han reseteado el microprocesador. Se incorpora de la cama y es como si hubiese pasado la noche con Mike Tyson. Le duele TO-DO. El cuerpecito se le ha quedado para llevarlo al desguace y comprarse uno nuevo en el mercado negro. Se mueve como Robocop sin engrasar. Tiene agujetas en las agujetas. Nota que le duelen algunos músculos que ni siquiera sabía que tenía.

Pero hay otros deportes que también son muy practicados a cierta edad. Yo juego a fútbol 7 con los amigos todos los martes a las 20:30 horas. Tenemos un grupo de *whatsapp* por el que nos comunicamos. El grupo se llama «Los bardaos», que es la forma en andaluz de decir «Los Baldados». Definición de baldado: «que está muy cansado». No sé cuál de mis amigos tuvo el ingenio de ponerle ese nombre al grupo, pero he de decir que es el más acertado porque cada martes llegamos cansados… y terminamos reventados. Bueno eso el que termine el partido sin que le haya dado un tirón en el abductor o en los isquiotibiales, sin que se le haya montado el gemelo o sin que se haya retirado del partido porque sí, porque no podía ya más con su cuerpo, le faltaba el aire y se tenía que ir a buscar un pulmón por *Wallapop* porque el suyo ya no le servía.

Cuando juegas al fútbol por encima de cierta edad, confías en que tu estado de forma te dé para echar el partido entero y que tienes tu calidad futbolística intacta porque das 4-5 toques al balón sin que caiga al suelo y en el calentamiento tiraste un disparo que dio en el larguero. Pero la vida te da un guantazo con la mano abierta a los pocos minutos de empezar el partidillo. Y me refiero a un guantazo de los buenos, de estos que te recoloca el tímpano y te deja el resto del día oyendo el pitito de la carta de ajuste. "Piiiiiiii". Es cuando te das cuenta de que en tu banda te toca defender a un chaval de 18 años que es un Ferrari y tú no eres más que una Vespa con el carburador atascado. Únicamente puedes detenerlo a base de patadas. Das más patadas que un cigarrón dentro de una lata.

Pero también podemos encontrar al que es consciente de su lamentable estado de forma y que le sobran una decena de kilos y pide ponerse delantero para no tener que defender a nadie. «Yo voy a ser el delantero porque cuando era joven era un goleador, un *killer*, un depredador del área». Ya, Manuel, ya. Pero eso era hace 20 años. Ya no eres un depredador, ahora eres un gatito y haces menos daño que el pescado blanco.

UN DÍA ERES JOVEN Y AL OTRO...
quedas con un amigo el domingo a las
8 de la mañana para hacer senderismo.

Mi mujer me dice que debo comer sano, que estoy llegando a una edad en la que todo pasa factura y que debo cuidarme. Por eso llegó a casa el otro día con una bolsa de chía porque según ella es rica en antioxidantes, fuente de fibra, gran aporte de proteínas saludables y no sé cuántas cosas más que, para ser sincero, no escuché porque dejé de atenderle y me puse a pensar en el chuletón ternera que tenía en la nevera para el almuerzo. Entiendo que la mayoría de la gente no tiene pajolera idea de qué es la chía y no les acuso porque yo vivía mucho más feliz antes de que mi mujer me hiciera conocerla. Si quieres saber qué es, te recomiendo que entres en Internet, vayas a tu buscador favorito y ya me dirás si te resulta apetitoso. Mi mujer me dijo con un poco de sorna: «hoy yo te preparo la cena» y me puso sobre la mesa un cuenco con un puñado de chía junto a un yogurt natural sin azúcar. A ver cariño, ¿tú qué crees? ¿que soy un gorrión? Anda saca el chuletón de ternera de la nevera, una botella de vino tinto para regarlo y la telera de pan de un kilo para empujar.

Con respecto a la bebida, ahora me he vuelto un auténtico sibarita. Llevo tantos años de entrenamiento que es como si mi paladar contuviese un microchip con una infinita base de datos interna que distingue todos los sabores del mundo. Ahora sólo bebo cerveza doble malta, whisky envejecido en barrica de roble de Jerez o barrica de roble del Mar Negro y London Dry Gin con tónica que lleve quinina de origen natural y aderezado con enebro, cardamomo, flor de hibisco y una pizquita de pimienta de Cubeba que le da un toque mentolado. Nada que ver con hace unos años, cuando era joven y alocado, que me bebía todo lo que caía en mis manos. Las latas de cervezas más baratas que hubiese en el supermercado y si tenían algo de óxido en la parte superior, pues mejor porque según mi amigo Roberto, esa es la solera. Con las bebidas espirituosas no había distinción ni recato.

Me lo bebía absolutamente todo: whisky, ron, vodka, ginebra, vermut y hasta una botella que vendían en las tiendas de color morado de la que la naturaleza, que es sabia, me ha hecho olvidar su nombre, pero que nosotros llamábamos «La Multifunción» porque esa bebida era como la navaja suiza del alcohol. Lo mismo te servía para emborracharte como un irlandés en la despedida de soltero de su mejor amigo, que te desatascaba el fregadero, que te quitaba el óxido del hierro, que te lo recetaban contra el estreñimiento, etc. Estaba muy malo. Tan malo que no sabría explicarlo simplemente con palabras. Se puede decir que eso se lo daban a los presos para que declarasen. Le llamábamos «La Multifunción» porque el nombre «Dame veneno que quiero morir» ya estaba cogido y era muy largo para ponerlo en la etiqueta. Y es que, además, para mí, la resaca era una leyenda urbana, muchos hablaban de ella pero yo no la había visto jamás.

* * *

El ser moderno cambia con el paso de los años. Hace tiempo muchos nos creíamos modernos porque empezábamos a usar las primeras redes sociales que todo el mundo usaba: Tuenti, Fotolog, MySpace. ¿Las recuerdas? Nos enviábamos zumbidos en el Messenger como si estuviésemos tocando la puerta del vecino para pedirle sal, nos dábamos «toques» al móvil entre nosotros con la simple, pero no poco importante, intención de hacerle saber al otro que te acordabas de él o ella, nos mandábamos sms apurando al máximo los 160 caracteres eliminado espacios y vocales. Totalmente ilegible. «Ola krño t ech mch d mns ns vms sta nch a ls 10 n plz nva xa ir a la fsta ok?No yegues tard xfa. Bss!Tkm». Ni en las pirámides se encontraron jeroglíficos tan encriptados.

Las redes sociales han cambiado, se han esfumado algunas y han aparecido otras. Pero en ellas, muchos de nosotros seguimos teniendo una actitud absurda con el único fin de parecer más guapos, más inteligentes, más felices y más ricos.

Antes en las redes sociales éramos más directos, más agresivos y en sus perfiles podías encontrar algún texto de alguno o alguna que dijera cosas como: «Si esta rubia te vasila, pos te callas y lo asimilas» o «Tu moreno roneón te chulea mogollón». Y ellos escribían eso y se quedaban tan panchos, tan orgullosos de sus capacidades. Me los imagino en su habitación pensando para sí mismo: «¡Cómo lo peto, tío!». Hoy en día las redes sociales se han suavizado y ahora la gente se ha vuelto intelectual y mística. Aquellos que hace 20 años escribían aquellas perlas que harían revolverse al mismísimo Miguel de Cervantes en su tumba, hoy colocan posts en Instagram en los que aparece una foto de sí mismos con semblante pensativo y con la mirada perdida en la lejanía, acompañada de un texto con una frase que ha leído en el sobrecillo de azúcar del desayuno de esa mañana: «¿Qué es el éxito? Es poder irse a la cama cada noche con el alma en paz» (Paulo Coelho). ¿Paulo

Coelho? ¿en serio? Pero vamos a ver chavalote, no te has leído un libro de Paulo Coelho en tu vida, *Hulio*. Si dos días antes te dicen que Paulo Coelho es el delantero centro del Sporting de Lisboa, tú vas y te lo crees. Es más, no tienes un libro en tus manos desde que dejaste el instituto con 16 años para trabajar en la construcción con tu padre porque querías comprarte una moto.

UN DÍA ERES JOVEN Y AL OTRO...
Tienes en la despensa una bolsa llena de bolsas a la que llamas «bolsa de bolsas».

¿Te acuerdas de aquella emisora de radio que hace tiempo solo ponía canciones para gente mayor? Pues ahora está poniendo una música que flipas.

* * *

En resumidas cuentas, que no pasa nada por hacerse mayor. Hay un momento en la vida, un punto de inflexión, en el que tienes que reconocer que ya no eres aquel joven de melena ondeante y torso hercúleo. Ya no puedes decir: «tengo toda la vida por delante» porque realmente te vendría mucho mejor decir «tengo toda la vida por detrás». Ahora ya tienes entradas en la cabeza, la barba de dos colores y tus abdominales se fueron para no volver. ¡¡NO PASA NADA!! Pero ese paso de reconocimiento hay que darlo, no tengas miedo a estar en otro momento de tu existir. Habrá quien se pregunte: «¿y cómo podré saber que me encuentro en esta nueva etapa de vida, maestro Juancho?». No te preocupes, yo te lo explico, joven padawan.

Entenderás que te haces mayor cuando cumplas varios de estos puntos:

— A veces te tiembla el párpado por el estrés.

— Cuando no consigues leer algo que tienes en tus manos, en lugar de acercártelo a los ojos, lo alejas.

— Abres la nevera y piensas: «hay que comprar lechuga».

— Eres la persona más feliz del mundo cuando te levantas, ha salido el sol y puedes lavar y tender la ropa.

— Si el día está soleado y tiendes la ropa, dices: «esto va a estar seco enseguida».

— Siempre llevas ibuprofeno y protector de estómago en el bolso. Son como tus amuletos de la suerte.

— El farmacéutico ya te conoce y hasta te llama por tu nombre.

— Vas en un coche de copiloto y te agarras al asa de arriba.

— Te cruzas con un ciclista y le gritas: «¡Adiós Induráin!»

— Cuando vas con alguien más joven, un sobrino, hijo, etc. te encanta pararte de pronto, colocarte las manos en la cintura, abrirte de piernas, mirar hacia al fondo y decir: «antes todo esto era campo».

— Cuando te agachas a coger algo del suelo dices suavemente por lo bajini: «¡ay!».

— Bajas el volumen de la música para poder aparcar tu coche porque te desconcentras.

— Te levantas el sábado temprano para ir de compras al super.

— Ves a un joven y le dices: «yo te tuve en mis brazos cuando eras un bebé».

— No te has quedado completamente tranquilo hasta que no has dejado la cocina limpia.

— Sueles decir «Es que por las mañanas sin café no soy persona».

— Has descubierto que el mango del horno es ideal para colgar los trapos de cocina.

— Las resacas te duran 3 días. Dia 1: «Por favor, dios mío, llévame contigo y líbrame de tanto sufrimiento», «El alcohol debería desaparecer de la faz de la tierra». Día 2: «Lo peor ya ha pasado, ya voy teniendo una resaca normal», «Ya no bebo más». Día 3: «Pues todavía tengo un resquemor», «Ya no bebo más, pero tampoco menos». Día 4: «¿Una cervecita?»

Si al leer estos puntos has asentido y te has visto reconocido en al menos la mitad de ellos, amigo mío, no hay vuelta de hoja, es que como yo

TE ESTÁS
HACIENDO MAYOR